Dorothee Döring

Späte Trennung

Dorothee Döring

Späte Trennung

Selbstbestimmt durchstarten mit 50+

maudrich

Wegen stilistischer Klarheit und leichterer Lesbarkeit wurde im Text auf die sprachliche Verwendung weiblicher Formen verzichtet. Ausdrücklich sei hier festgehalten, dass die Verwendung der männlichen Form inhaltlich für alle Geschlechter gilt und keinesfalls einen sexistischen Sprachgebrauch darstellt.

Bibliografische Information der Deutschen Nationalbibliothek
Die Deutsche Nationalbibliothek verzeichnet diese Publikation in der Deutschen Nationalbibliografie; detaillierte bibliografische Daten sind im Internet über http://dnb.d-nb.de abrufbar.

Umschlaggestaltung: Facultas Verlags- und Buchhandels AG
Umschlagbild: © Dashk, AdobeStock
Lektorat: Mag. Katharina Schindl, Wien
Typographie und Satz: Florian Spielauer, Wien
Druck: Finidr, Tschechien
ISBN 978-3-99002-144-6 (Print)
ISBN 978-3-99111-631-8 (E-Pub)

FSC www.fsc.org MIX Papier aus verantwortungsvollen Quellen FSC® C014138

TREE ONE FOR TITLE
Mit der Erscheinung dieses Buches haben wir **zusammen mit der Druckerei FINIDR** einen neuen Baum gepflanzt.

Inhalt

3 Reflexion und Verarbeitung 77

4 Glücklich allein – Neuanfang nach später Trennung 89

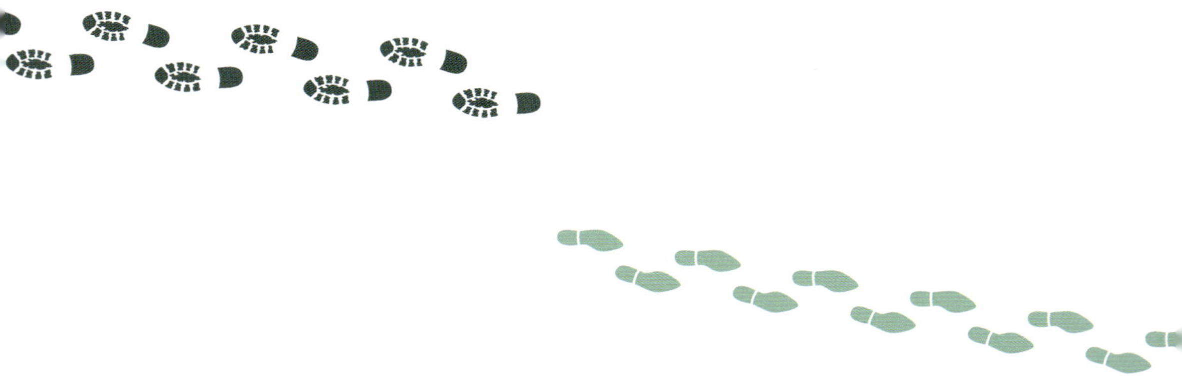

Einführung

Ein Sprichwort lautet: „Alte Liebe rostet nicht." Tatsächlich sind heutzutage aber Trennungen im fortgeschrittenen Alter, die „späten Trennungen", längst keine Ausnahmen mehr.

Ursachen für dieses Phänomen werden im Kapitel „Rückblende" geschildert. Zu den häufigsten Ursachen gehören die schleichende Entfremdung der Partner voneinander einerseits und Umbrüche und Lebenskrisen andererseits, wie der Ruhestand oder eine schwere Erkrankung.

Immer mehr ältere Paare wollen angesichts ihrer letzten Lebensphase keine Kompromisse mehr eingehen. Frauen suchen dabei häufig nach neuen Freiheiten, Männer dagegen eher nach einem letzten aufregenden Abenteuer.

Ist sich ein Paar nicht einig darüber, wie es diese Jahre miteinander verbringen möchte, kann das im Zusammenleben zu erheblichen Problemen führen. Im Gegensatz zu früher entscheidet sich einer der Partner oder beschließen die beiden einvernehmlich, Konsequenzen zu ziehen, und es kommt im schlimmsten Falle zur späten Trennung.

Im Kapitel „Glücklich allein – Neuanfang nach später Trennung" wird zunächst analysiert, welche Voraussetzungen geschaffen werden müssen, um ein glückliches Leben nach dem oft schmerzhaften Trennungsprozess beginnen zu können. Im Anschluss werden Chancen aufgezeigt, die mit dem Alleinleben verbunden sind, wie z. B. die Selbstbestimmung und neue Freiheiten.

Meine Intention besteht darin, jene Menschen, die aktuell von Trennungsturbulenzen betroffen sind, zu einem Neuanfang zu ermutigen.

1 Bestandsaufnahme

Der Traum vom ewigen Glück und die traurige Realität

Die meisten Menschen wünschen sich nichts sehnlicher als eine gut funktionierende, möglichst lebenslange intime Beziehung. *„Und sie lebten glücklich bis ans Ende ihrer Tage"* – so enden viele Märchen. Die Wirklichkeit sieht leider ganz anders aus. Was Dornröschen und ihr Prinz erleben durften, ist für viele Paare unmöglich. Ihre Träume vom gemeinsamen Glück enden oft mit der Scheidung, selbst nach vielen gemeinsamen Jahren.

Oft zerbricht die Illusion vom ewigen gemeinsamen Glück, wenn die Kinder das Haus verlassen (s. Kapitel „Umbrüche und Lebenskrisen", S. 50). Dann empfinden Paare fast immer eine Leere und Sinnkrise, wenn sie sich nur über ihre Elternrolle definiert und sich dadurch auch als Paar voneinander entfremdet haben.

Wie aber ist es am Beginn einer Beziehung?

Am Anfang einer Beziehung gehen die meisten Menschen davon aus, dass diese für immer halten wird. Die Vorstellung, ohne den anderen zu sein, ist schrecklich. Es gibt in dieser Zeit nichts, was unseren Glauben an diese Liebe erschüttern könnte.

Aber so wie der Mensch, in den wir uns einst verliebt haben, kommt die Liebe irgendwann in die Jahre, bekommt mit der Zeit Knitterfalten und Altersflecken. Spätestens dann hat sich die erste Phase des Beziehungsalltags eingeschlichen. Man verabschiedet sich von mancher Illusion und legt eines Tages die rosarote Brille ab, mit der man bis dahin seinen Partner betrachtet hat. Auf einmal ist es keine liebenswerte Eigenheit mehr, wenn er die Socken auf dem Boden liegen lässt. Auf einmal sieht man den anderen ungeschminkt, der Schleier der einstigen Faszination ist zerrissen. Man erkennt, dass man es mit einem ganz normalen Menschen zu tun hat, der Fehler und Schwächen hat wie man selbst auch. In Momenten des Zweifels befällt uns das mulmige Gefühl, dass doch etwas faul sein könnte an diesem glorifizierten Gefühl der Liebe.

Das Spannungsverhältnis zwischen der anfangs als ideal erlebten Verliebtheitsphase und der Alltagsrealität der Partnerbeziehung führt viele Paare in die Krise. In dieser Phase kommt es zu einer Häufung von *Desillusionierungen.* Ernüchternde Eindrücke vom Partner und von der Paarbeziehung werden zu einem dominanten Thema. Die Illusion, die man einst vom anderen hatte, hält dem Realitätscheck nicht stand und die Entscheidung für ihn wird angezweifelt. Oft entsteht daraus der Anspruch, der andere möge sich verändern, mit dem Tenor: *„Ich bin okay, aber du nicht! Ich mache alles für die Beziehung. Und was tust du?"*

Männer entdecken plötzlich sexuelle Mankos in der Beziehung, Frauen eher emotionale Defizite. *Interessenskonflikte* verstärken sich und die Art der Auseinandersetzung darüber gewinnt an Härte. Der Abgleich zwischen der Illusion und der Realität führt zu einer Sehnsucht nach der Liebe, die die Partner in ihrer Verliebtheitsphase gespürt haben und die sich mit der Zeit „verflüchtigt" hat. Beide werden unsicher und fühlen sich nicht mehr so wohl. Irgendwie haben sie sich alles ganz anders vorgestellt.

Zu zweit am Ende – wenn eine Beziehung nicht mehr zu retten ist

Lange Zeit galt: Alte Liebe rostet nicht. Das heißt, Paare, die seit vielen Jahren zusammen sind, trennen sich nicht. Doch das stimmt nicht mehr. Rund 40 Prozent aller Ehen in Österreich werden geschieden. Während die Scheidungsrate zwar generell sinkt, steigt sie bei Paaren, die 25 Jahre oder länger verheiratet sind, stellt die Soziologin Ulrike Zartler von der Universität Wien fest.[1] Dass Paare auch nach der Silberhochzeit und neuerdings sogar auch noch nach fünfzig gemeinsamen Jahren feststellen, dass sie zu zweit am Ende sind und sich trennen wollen, ist ein relativ neues Phänomen.

An die Möglichkeit einer Trennung hatte Marika (54) nie gedacht. Es stand für sie außer Frage, dass sie mit ihrem Mann Jürgen zusammenbleiben wollte. Schließlich waren sie seit fünfundzwanzig Jahren durch dick und dünn gegangen und galten im Freundeskreis als Vorzeigepaar. Doch dann kam heraus, dass Jürgen schon viele Jahre eine Geliebte hatte und sich von ihr auf keinen Fall trennen wollte. Plötzlich musste Marika sich eingestehen, dass sie sich einiges schöngeredet und vieles ausgeblendet hatte. Tatsächlich hatten sie sich als Paar schon länger nichts mehr zu sagen. Nach einer zermürbenden Phase endloser Beziehungsgespräche beschloss Marika, die Scheidung einzureichen und sich mit 54 Jahren ein neues Leben aufzubauen.

Viele Langzeitpaare fragen sich mit Blick auf die nächsten 20 Jahre: *„Soll das alles gewesen sein?"* Dabei wird häufig die Partnerschaft infrage gestellt, weil etwas Verbindendes wie die Erziehung der Kinder fehlt.

Diese Erfahrung haben auch Doris und Manfred gemacht: *„Als unsere Kinder ausgezogen sind, hatten wir plötzlich keine gemeinsame Aufgabe mehr"*, erklärt Manfred. *„Wir hatten viel Zeit zu zweit, waren darauf aber nicht vorbereitet"*, ergänzt Doris. Obwohl Zeit und Geld da sind, um gemeinsam etwas zu unternehmen, kommt das Paar nicht mehr auf einen Nenner. *„Wir waren beide enttäuscht, was zu viel Streit und Unzufriedenheit geführt hat."* Manfred und Doris lebten noch ein paar Jahre so weiter, bis sie nach 27 Jahren Ehe beschlossen, sich zu trennen. Ihre späte Erkenntnis: *„Wir hätten eine neue gemeinsame Aufgabe finden müssen."*

„Graue Scheidung" nennen Experten Scheidungen nach der Silberhochzeit, nachdem man ernüchtert festgestellt hat, dass es keine Gemeinsamkeiten mehr gibt.

Woran merkt man, dass eine Beziehung am Ende ist? Das Ende einer Beziehung wird oft erst nach einem schleichenden Prozess emotionaler Entfremdung erkannt. Es zu erkennen ist nicht leicht.

Jede Angewohnheit des Partners, über die Sie zu Beginn noch lächeln konnten, bringt Sie inzwischen auf die Palme. Lust auf Intimitäten? Fehlanzeige. Die Balance zwischen Nähe und Distanz ist bei zahlreichen Paaren ein Grundkonflikt. Viele vermuten, dass die Beziehung am Ende ist, wenn zu viel emotionale Nähe verloren gegangen ist.

Folgende Symptome sind wichtige Warnsignale für ein sich abzeichnendes Ende einer Beziehung:

- man akzeptiert und liebt den Partner nicht mehr so, wie er ist, sondern er soll sich verändern und an die eigenen Bedürfnisse anpassen,
- man ist genervt voneinander,
- man schämt sich des anderen,
- die Gleichgültigkeit nimmt zu,
- Wohlwollen und Wertschätzung fehlen,
- man gibt sich keine Mühe mehr, dem anderen zu gefallen,
- man hat kein sexuelles Interesse am anderen mehr,
- man verbringt Zeit lieber allein als gemeinsam,
- man hat sich nichts mehr zu sagen,
- das gegenseitige Vertrauen geht verloren.

Diese Punkte sind nicht gleichgewichtig. Manchmal braucht es zwei oder drei davon, damit man erkennt, dass man zu zweit am Ende ist. Es gibt aber elementare Punkte, die einer Beziehung die Basis entziehen, z. B. mangelnde Akzeptanz oder der Verlust des Respektes und des gegenseitigen Vertrauens.

In jungen Jahren verlaufen Trennungen anders als in späten. Die Szene bei jüngeren Paaren ist klassisch: Nach einem heftigen Streit fällt die Tür ins Schloss und der geliebte Mensch hat einen für immer verlassen. Man schwankt zwischen Trauer, Angst, Wut und Resignation. Bei älteren Paaren verlaufen Trennungen weniger spektakulär. Oft bemerkt der Partner nichts und fühlt sich überrollt, wenn der andere ohne Vorwarnung geht.

Ramona, 59:

> *Als unsere beiden Kinder (24) und (27) aus dem Haus waren, wurde es schwierig mit meinem Mann. Plötzlich war ich allein mit Frank. Wir hatten uns nicht mehr viel zu sagen, das stellte sich schnell heraus. Die ganzen Jahre hatte sich fast alles nur um die Kinder gedreht. Mir wurde klar, dass uns nicht nur die Liebe abhandengekommen war, sondern auch freundschaftliche Gefühle füreinander. Mein Mann fiel aus allen Wolken, als ich ihm erklärte, dass ich mich trennen möchte. Er lachte nur und nahm mich nicht ernst: ‚Das kannst du doch nicht ernst meinen, nach all den Jahren!' Aber ich meinte es ernst, nachdem in Wochen und Monaten mein Entschluss herangereift war. Immer wieder habe ich mir gesagt, dass ich mich bisher stets um Frank und die Kinder gekümmert habe und dass jetzt ich dran bin.*

Trennung nach Jahrzehnten gemeinsamen Lebens

Vor einem halben Jahr hat das Paar mit einem rauschenden Fest seine Rubinhochzeit gefeiert. Jetzt sitzen die beiden zusammen und stellen nach 40 gemeinsamen Jahren ernüchtert fest: *„Eigentlich sind wir uns fremd geworden."*

Immer mehr ältere Paare trennen sich. Die Geliebte ist nicht mehr der Hauptauslöser für späte Trennungen. Andererseits haben sich die Rahmenbedingungen bzw. Voraussetzungen für Trennungen gerade bei den Älteren grundsätzlich verbessert: Immer mehr Menschen altern heutzutage in guter gesundheitlicher Verfassung, die Lebenserwartung hat sich erhöht. Auch die wirtschaftliche Situation hat sich im Allgemeinen verbessert, sodass eine Trennung nicht zwangsläufig zum sozialen Abstieg führt. Darüber hinaus ist eine späte Trennung heutzutage kein Tabu mehr, sondern wird gesellschaftlich akzeptiert.

Dass alte Liebe durchaus rosten kann, zeigt folgendes Beispiel:

Elisabeth ist 77 und empfindet das Zusammensein mit ihrem langjährigen Lebensgefährten Klaus immer mehr als Last. Vor 37 Jahren lernte sie ihn kennen. Damals war sie eine junge alleinstehende Witwe mit drei Kindern und Klaus war ein ungebundener Junggeselle mit vielen Interessen. Mit ihm entdeckte sie eine neue Welt. Er war so anders und dafür liebte sie ihn. Doch ihre Beziehung hat sich verändert und Elisabeth macht plötzlich mit ihrem Lebensgefährten Schluss. Für Klaus kommt das überraschend, er weiß nicht, wie ihm geschieht, und er versteht nicht, warum Elisabeth sich jetzt von ihm trennen will. Elisabeth aber weiß es genau: *„Ich lebe jetzt so, wie es mir gefällt."*

Klaus zieht in eine kleine Wohnung in seinem Haus in der Eifel. Es ist für ihn nicht nur eine räumliche Veränderung. Während Elisabeth bis zur Trennung für ihn gesorgt hat, muss er nun allein zurechtkommen.

Wie konnte es zu dieser späten Trennung kommen?

Trennungen im fortgeschrittenen Alter sind längst keine Ausnahmen mehr. Immer mehr ältere Menschen wollen angesichts ihrer letzten Lebensjahre keine Kompromisse mehr eingehen. Frauen suchen dabei häufig nach neuen Erfahrungen und Freiheiten, Männer nach einem letzten aufregenden Abenteuer.

Versucht man zu erklären, warum Menschen im fortgeschrittenen Alter ihre Partnerschaft aufkündigen, stößt man zunächst auf die Tatsache, dass sich alle Menschen im Lauf ihres Lebens verändern: Sie lernen dazu, machen neue Erfahrungen und entwickeln neue Interessen. Das trifft i. d. R. auf beide Partner zu. Im günstigsten Fall verlaufen diese Veränderungen in die gleiche Richtung. In vielen Fällen ist das aber leider nicht der Fall, weil sich nur einer der Partner weiterentwickelt oder weil sich der eine z. B. immer mehr in das Studium philosophischer Werke vertieft, während der andere Sport treiben und andere Länder kennenlernen möchte.

Der Grund für das Scheitern einer Langzeitbeziehung kann auch in der Veränderung der Persönlichkeit eines Menschen liegen. Die Persönlichkeit eines Menschen ist einzigartig und vielfältig. Sie umfasst viele Merkmale, die sich aber im Alter verändern können.

Juliane, 62:

> *Mein Mann, 74, war immer sehr ruhig und besonnen. Seit einiger Zeit merke ich, dass er leichter reizbar ist und impulsiv und ruppig reagiert, wenn etwas nicht so läuft, wie er es sich vorgestellt hat. Er hat sich zu einem regelrechten Miesepeter entwickelt, der mich mit seiner ständigen Kontrolle und seinem Misstrauen kränkt. Obwohl er früher immer unterhaltsam und gesellig war, meidet er Kontakte zu unserem Bekanntenkreis. Ich werde dadurch aber auch eingeschränkt. Immer häufiger spiele ich mit dem Gedanken, mich zu trennen, denn die Persönlichkeitsveränderung meines Mannes belastet und isoliert mich.*

Wenn ein Partner sich so grundlegend in seiner Persönlichkeit verändert hat, dass der andere damit nicht umgehen kann, kann eine Trennung unausweichlich sein. So entsteht z. B. eine Entfremdung, wenn ein eigentlich ruhiger und geduldiger Mensch zunehmend aufbrausend und cholerisch reagiert oder jemand, der immer unternehmungslustig war, sich immer ruhiger, einsilbiger und in sich gekehrter zeigt. Aber auch radikale, fundamentale Ansichten bezüglich Politik, Religion oder Gesellschaft, wie sie von sogenannten Querdenkern, Reichsbürgern oder Sektenmitgliedern geäußert werden und die der andere nicht verstehen oder akzeptieren kann, können eine Langzeitbeziehung auf eine harte Belastungsprobe stellen. Im schlimmsten Falle kommt es dann zur späten Trennung.

Wenn sich Langzeitpaare auseinandergelebt haben, liegt meist ein langer Leidensweg hinter ihnen. Im Gegensatz zu früher bleiben sie aber nicht mehr um jeden Preis zusammen, sondern gehen neue Wege.

Hans-Jürgen und Anne haben sich zu Silvester so heftig gestritten, dass die 61-Jährige fluchtartig das Haus verlassen hat. Ihr wurde jetzt klar, dass das Hauptproblem ihrer Ehe in unvereinbaren Lebensentwürfen besteht: Während Anne möglichst viele Wochen im Jahr in ihrem geliebten Ferienhaus in Spanien verbringen will, möchte Hans-Jürgen am liebsten zu Hause bleiben, Gedichte schreiben und diese in Lesungen öffentlich präsentieren. Die Welt seiner Frau ist das nicht: *„Ich habe ihn zwar immer dazu ermuntert, fühlte mich aber mehr und mehr zur Seite geschoben“*, stellt sie ernüchtert fest.

Die Krise des Paares bahnte sich langsam an. Anne, die sich vorgestellt hatte, nach ihrer Pensionierung mit ihrem Mann längere Aufenthalte in ihrem spanischen Ferienhaus zu verbringen, war vom Desinteresse ihres Mannes maßlos enttäuscht. Erst kam er immer seltener mit nach Spanien, dann fast gar nicht mehr. Der schmerzliche Höhepunkt war, als er ihr beichtete, dass er eine Geliebte hat. Das war der Tropfen, der das Fass zum Überlaufen brachte. Das Paar trennte sich.

Mit Anstand auf Abstand gehen

So sehr die berühmten drei Wörter *„Ich liebe dich“* einen Menschen beflügeln und aufblühen lassen, so verheerend und unfassbar wirken die drei Wörter, die das Ende der Beziehung bedeuten: *„Ich verlasse dich.“* Unabhängig davon, wie diese drei Wörter mitgeteilt werden – behutsam, im Streit oder in Form eines Briefes –, der „Verlassene“ stürzt in eine *Trennungskrise.*

Es stellt sich die Frage, wie man die Trennungsabsicht auf möglichst respektvolle Weise mitteilt. Derjenige, der verlässt, sagt häufig: *„Ich habe schon lange* *versucht, in unserer Partnerschaft etwas zu verändern. Ich brauche jetzt Zeit, um mir über mich selbst klar zu werden. Wir können gute Freunde bleiben, aber ich liebe dich nicht mehr."* Derjenige, der verlassen wird, sieht das alles ganz anders und sagt: *„Ich dachte immer, wir hätten eine gute Partnerschaft. Bitte verlass mich nicht. Ich liebe dich doch. Gib uns noch eine Chance, ich brauche dich. Sag mir, was ich ändern soll, und ich werde es tun."*

Aber egal, wie Sie es formulieren, es gibt keinen harmonischen und schmerzfreien Weg, „Schluss zu machen". Das Beziehungs-Aus hinterlässt immer verletzte Gefühle, ausgenommen, man trennt sich einvernehmlich. Leider werden Trennungen oft unwürdig, in Wut oder Streit, vollzogen.

Für beide Seiten hilfreich wäre es jedoch, eine lange Beziehung respektvoll zu beenden, also mit *Anstand auf Abstand* zu gehen. Das ist besonders bei späten Trennungen wichtig, damit man sich zu familiären Anlässen würdevoll begegnen kann, obwohl man kein Paar mehr ist.

Trennung oder Scheidung

Besonders bei späten Trennungen ist grundsätzlich zu überlegen, wie man sich trennt, ob es eine Trennung oder eine Scheidung sein soll, denn besonders Letzteres hat erhebliche rechtliche Konsequenzen.

Niemand ist verpflichtet, sich nach der Trennung von seinem Ehepartner scheiden zu lassen. Man kann sehr wohl auch getrennt leben. Ob es wirklich eine gute Option ist, die eheliche Lebensgemeinschaft zumindest auf dem Papier fortbestehen zu lassen, steht erst dann fest, wenn deren Vor- oder Nachteile überwiegen.

Wünscht Ihr Ehepartner die Scheidung, können Sie diese nicht verhindern, sondern nur zeitlich aufschieben. Nach Ablauf des Trennungsjahres ist die Scheidung möglich, wenn Sie dem Scheidungsantrag Ihres Ehepartners zustimmen. Umgekehrt gilt natürlich das Gleiche. Verweigern Sie die Scheidung, werden Sie auch gegen Ihren ausdrücklich erklärten Willen geschieden, wenn Sie drei Jahre getrennt von Ihrem Partner gelebt haben.

Leben Sie getrennt, kann Ihr Ehepartner die Scheidung verhindern, wenn er sich *auf einen Härtefall beruft*. Die Ehe soll nicht geschieden werden, obwohl sie gescheitert ist, wenn die Scheidung einem Ehepartner *aufgrund seiner Lebenssituation nicht zuzumuten* ist (§ 1568 BGB).

Beispiele:

Der Scheidungsantrag einer 81-jährigen Frau wurde nach 58 Ehejahren vom OLG Stuttgart (Az. 18 UF 519/01) abgelehnt. Der Ehepartner war 85 Jahre alt, teilweise gelähmt und pflegebedürftig. Aus religiösen Gründen verweigerte er zudem seine Zustimmung zur Scheidung. Da die Scheidung aufgrund dieser außergewöhnlichen Umstände eine unzumutbare Härte dargestellt hätte, war ihm eine Scheidung in seinen letzten Lebensjahren nicht zuzumuten.

Das OLG Schleswig-Holstein (Az. 15 UF 85/05) lehnte eine Scheidung ab, weil der Ehepartner suizidgefährdet und eine ausreichende medizinische Versorgung nicht gewährleistet war.

Grundsätzlich sind Sie nicht verpflichtet, bei der Trennung von Ihrem Partner die Scheidung einzureichen. Sie können auch weiterhin getrennt voneinander leben, getrennte Haushalte führen und sich so benehmen, als seien Sie nicht mehr verheiratet.

Ob nach der Trennung die Scheidung verzichtbar erscheint, hängt von Ihren individuellen und familiären Gegebenheiten ab. Es kommt darauf an, wie Ihre wirtschaftliche Situation ist und inwieweit Sie darauf angewiesen sind, Ihre Rechte gegenüber dem Partner im Wege der Scheidung durchzusetzen. Wenn Sie sich mit Ihrem Partner über die mit Ihrer Trennung verbundenen Konsequenzen einig sind, erscheint eine Scheidung durchaus verzichtbar.

Eine Scheidung ist eine kostspielige Angelegenheit. Verzichten Sie auf die Scheidung, sparen Sie sich die Gebühren für Gericht und Anwalt. Es empfiehlt sich allerdings, dass Sie die mit Ihrer Trennung verbundenen Konsequenzen *mit Ihrem Ehepartner einvernehmlich regeln* und eine *Trennungsfolgenvereinbarung* treffen. Geht es um die Nutzung der ehelichen Wohnung (Haus), den Hausrat, den Unterhalt oder die Beteiligung an Vermögenswerten, sollten Sie eine einvernehmliche Regelung anstreben und möglichst dokumentieren.

Sind Sie berufstätig und verfügen über ein *eigenes ausreichendes Einkommen,* sind Sie nicht auf Trennungsunterhalt oder nachehelichen Ehegattenunterhalt angewiesen. Sie können sich selbst versorgen. Sollten Sie aber auf Trennungsunterhalt angewiesen sein, können Sie ihn auch einfordern, ohne dass Sie sich scheiden lassen.

Eventuell können Sie sich mit Ihrem Partner darüber verständigen, wer die bislang gemeinsam genutzte Wohnung nach der Trennung nutzt. Oder Sie vereinbaren, die Wohnung zu verkaufen oder ein bestehendes Mietverhältnis gemeinsam aufzulösen. Sollte es Streit geben, können Sie beim Familiengericht beantragen, dass Ihnen die Wohnung zur alleinigen Nutzung zugewiesen wird, sofern es Ihnen nach Abwägung Ihrer Interessen und der Ihres Partners nicht zuzumuten ist, dass ausgerechnet Sie aus der gemeinsamen Wohnung ausziehen.

Welche Vorteile hat eine Trennung ohne Scheidung?

Scheidungen produzieren oft ein hohes Konfliktpotenzial. Reicht ein Ehepartner die Scheidung ein, weckt er möglicherweise Emotionen, die bislang kontrollierbar waren, sich aber im Laufe des Verfahrens potenzieren. Es droht der berüchtigte ruinöse Rosenkrieg und eine oft emotional zerstörerische Schlammschlacht. Verzichten Sie auf die Scheidung, könnte die Chance bestehen, dieses Risiko unter der Decke zu halten und alles so belassen zu können, wie es eben nun einmal ist.

Lassen Sie sich nach der Trennung nicht scheiden, bleiben Sie in der gesetzlichen Krankenversicherung Ihres Ehepartners mit familienversichert. Dieser Schutz würde nach der Scheidung wegfallen. Sie müssten einen eigenen Versicherungsvertrag abschließen. Ab 55 Jahren ist Ihnen der Weg in die relativ günstige gesetzliche Krankenversicherung jedoch verschlossen. Sollten Sie sich dann privat versichern müssen, kann das sehr teuer werden. Wenn Sie eine chronische Erkrankung haben, werden Sie möglicherweise Probleme haben, überhaupt eine Versicherung zu finden.

Solange Sie verheiratet bleiben, haben Sie beim Tod des Ehepartners Anspruch auf eine Witwenrente oder Witwerrente. Als geschiedener Ehepartner haben Sie hingegen keinen Anspruch auf eine Rente.

Sie können sich steuerlich gemeinsam veranlagen lassen, wenn Sie nach außen hin nicht dauernd getrennt leben. Sie profitieren dann nach wie vor vom steuerlich günstigen Ehegatten-Splitting. Ansonsten endet die Möglichkeit der gemeinsamen steuerlichen Veranlagung mit Ablauf des Trennungsjahres. Haben Sie jedoch unterschiedliche Wohnsitze, deutet dies natürlich darauf hin, dass Sie dauernd getrennt leben. Dann werden Sie einzeln zur Einkommensteuer veranlagt.

Besitzen Sie einen PKW, der auf den Namen Ihres Ehepartners versichert ist, entfällt der vielleicht hohe, über die Jahre angesammelte Schadenfreiheitsrabatt in der Kfz-Police. Sie müssten sich den Schadenfreiheitsrabatt mühsam wieder aufbauen.

Heftiger wird es oft beim Versorgungsausgleich. Führt der Familienrichter aus Anlass der Scheidung den Versorgungsausgleich durch, werden Ihre Rentenanwartschaften zusammengerechnet und aufgeteilt. Die sich daraus ergebende Rente kann so gering sein, dass sie kaum zum Leben reicht.

Ein Beispiel:

Ein Mann hat Rentenanwartschaften von 1.800 Euro erworben. Die Frau hat drei Kinder großgezogen und bekommt 300 Euro Rente. Am Ende hat jeder Anspruch auf 1.050 Euro. Dann liegen beide knapp über dem Sozialhilfesatz. Problematisch wird es zusätzlich, wenn die Ehefrau nach einigen Jahren verstirbt. Dann bekommt der Ex-Partner nur die aus Anlass der Durchführung des Versorgungsausgleichs bei der Scheidung gekürzte Rente, hat aber keinen Anspruch auf die volle von ihm ursprünglich erwirtschaftete Rente. Eine Ausnahme besteht nur dann, wenn die Ex-Frau die Rente nur kurz bezogen hat. Die Grenze liegt bei etwa drei Jahren.

Verzichten Sie auf die Scheidung, bleibt auch Ihr *gesetzliches Erbrecht* erhalten, wenn der Ehepartner verstirbt. Gegenüber weiteren Erben kommt dann auch Ihr Anspruch auf Zugewinnausgleich zum Tragen. Dabei bleibt unerheblich, ob die Ehepartner in der Ehe überhaupt einen Zugewinn erzielt haben. Wenn einer der Ehepartner die Scheidung eingereicht oder dem Scheidungsantrag zugestimmt hat, *entfällt das gesetzliche Erbrecht.*

Gibt es auch Nachteile bei einer Trennung ohne Scheidung?

Solange Sie nicht geschieden sind, können Sie nicht wieder heiraten. Sie können zwar mit einem neuen Lebenspartner zusammenleben, das fortbestehende formale Band Ihrer Ehe kann aber ein Hindernis darstellen. Möglicherweise bestehen bei Ihrem neuen Partner Zweifel, dass Sie sich von Ihrem früheren Partner wirklich emotional gelöst haben und Ihre neue Beziehung eine Zukunft hat.

Mit einer Scheidung schaffen Sie *klare Verhältnisse.* Sie dokumentieren, dass Sie Ihre eheliche Lebensgemeinschaft endgültig aufgelöst haben und als abgeschlossen betrachten. Der Ehepartner weiß, dass Ihre Ehe aufgelöst und damit beendet ist. Sie lösen damit jegliche Hoffnung auf, dass Sie zu einer eventuellen Versöhnung bereit sind. Auch für Sie selbst kann die Scheidung den *Abschluss mit der Vergangenheit* bedeuten und zugleich die Voraussetzungen dafür schaffen, ohne den emotionalen Ballast der Vergangenheit eine *neue Lebensperspektive* zu verwirklichen.

Wünschen Sie die Scheidung, müssen Sie Ihre Entscheidung auch gegenüber Ihren Kindern vertreten. Auch wenn Ihre Kinder volljährig sind, könnte eine Scheidung Ihr Verhältnis beeinträchtigen. Kinder zeigen oft wenig Verständnis dafür, dass sich die Eltern nach langen Ehejahren noch scheiden lassen. Vielleicht riskieren Sie, dass Ihre Kinder den Umgang meiden, wenn sie das Gefühl haben, dass Sie die Trennung und Scheidung verschuldet haben. Kinder betrachten ihre Eltern gern als Einheit und halten die Ehe für unauflösbar. Der Elternteil, der diese Einheit aufkündigt, wird von den Kindern meist als verantwortungslos und egoistisch verurteilt.

Ansonsten bestehen die Nachteile bei einer Trennung ohne Scheidung darin, dass Sie *keinen Anspruch* auf Versorgungsausgleich, Zugewinnausgleich oder nachehelichen Ehegattenunterhalt haben, wenn sich der Ehepartner weigert, diese Ansprüche zu erfüllen und Sie auf freiwilliger Basis zu entschädigen. Dann bleibt Ihnen tatsächlich nur der Weg der Scheidung.

Ob Sie sich im Alter aus Anlass Ihrer Trennung scheiden lassen oder Ihre eheliche Lebensgemeinschaft auf dem Papier aufrechterhalten, ist Ihre individuelle Entscheidung, die auch davon abhängt, wie Ihr Ehepartner dazu steht. Auf jeden Fall hängt Ihre Entscheidungsfindung davon ab, dass Sie die *Vorteile und Nachteile abwägen.* Lassen Sie sich, wenn möglich, von einem Anwalt beraten.

Im Gegensatz zu Deutschland, wo ein Trennungsjahr die Voraussetzung für eine Scheidung ist, müssen in *Österreich* Eheleute lediglich 6 Monate getrennt voneinander leben, um die Scheidung einreichen zu können. Eine Ehe wird hier nach dem *Zerrüttungsprinzip* geschieden, d. h., dass eine Ehe seit mindestens 6 Monaten unwiderruflich zerrüttet sein muss.

Im Gegensatz zu Deutschland gibt es in Österreich unterschiedliche Scheidungsverfahren, die hinsichtlich des Ablaufs und auch der Kosten erhebliche Differenzen aufweisen:

1. einvernehmliche Scheidung (§ 55a Ehegesetz) und
2. streitige Scheidung (§§ 49–55 Ehegesetz).

Bei der streitigen Scheidung lässt sich wiederum danach unterscheiden, ob es sich um eine Verschuldensscheidung (§ 49 Ehegesetz) oder eine Scheidung wegen Zerrüttung (§§ 50–55 Ehegesetz) handelt.

Eine besonders schnelle Scheidung ist die *einvernehmliche Scheidung*, da sich beide Ehepartner einig sind. Liegt ein gültiger *Ehevertrag* vor, ist eine Scheidung unkompliziert.

Bei einer *streitigen Scheidung* muss hingegen eine Vielzahl von Aspekten vorab geklärt werden, wobei einzelne *Gerichtsverfahren*, umfangreiche Formalitäten und verschiedene Fristen den Ablauf einer Scheidung ungemein verlängern können.[2]

Voraussetzungen für eine streitige Scheidung: Ein Verschulden muss vorliegen. Die Scheidungsgründe müssen schuldhaft begangen worden sein, das heißt vorsätzlich oder zumindest fahrlässig. Das Gericht entscheidet, ob ein Ehegatte das hauptsächliche oder alleinige Verschulden an der unheilbaren Zerrüttung der Ehe trägt oder ob beide Schuld tragen. Die Schuldfrage hat bei einer Scheidung in Österreich Einfluss auf die *Vermögensaufteilung* und *Unterhaltszahlungen*.

Oftmals haben sich die Ehepartner im Laufe der Zeit auseinandergelebt, ohne dass eine Schuld zugewiesen werden kann. In diesem Fall kann ein Ehepartner die Scheidung nur gegen den Willen des anderen durchsetzen, wenn die beiden seit mindestens 3 Jahren voneinander getrennt leben.

Ehebruch als Scheidungsgrund: Bis 1997 galt Ehebruch in Österreich als Straftat und wurde sogar strafrechtlich verfolgt. Obwohl es das Gesetz des Ehebruchs in dieser Form nicht mehr gibt, ist Ehebruch nach wie vor eine schwere Eheverfehlung in Österreich und einer der wichtigsten Scheidungsgründe. Es bleibt dem betrogenen Ehepartner überlassen, ob er dem Partner verzeiht oder nicht.

Bei einer Gerichtsverhandlung wird dem untreuen Ehepartner die alleinige Schuld an der Zerrüttung der Ehe zugesprochen, was wiederum lebenslange *Unterhaltszahlungen an den geschädigten Ehepartner* zur Folge haben kann.[3]

Was bekommt in Österreich eine Frau im Falle einer Scheidung?

45 % des bereinigten Nettoeinkommens des Unterhaltspflichtigen, sofern die Ehefrau nicht erwerbstätig ist. Ist sie erwerbstätig, dann beträgt die Höhe des Trennungsunterhalts 3/7 bzw. 45 % der Differenz des bereinigten Nettoeinkommens aus der Erwerbstätigkeit des Ehemanns und des Einkommens der Ehefrau.

Was steht Frauen nach einer langen Ehe (20 Jahre und mehr) zu?

Solange ehebedingte Nachteile bestehen, scheidet eine Befristung der Unterhaltszahlung fast immer aus. Bei einer Ehe von mehr als 20 Jahren kann das Familiengericht Unterhalt auch unbefristet zusprechen (§ 1587b BGB). Allerdings kommt es auch hier auf den Einzelfall an.

Wie lange erhält eine geschiedene Frau in Österreich Unterhalt?

Die Dauer des Ehegattenunterhalts in Österreich ist nicht festgelegt, daher kann man davon ausgehen, dass die Unterhaltszahlungen ein Leben lang erfolgen können.

2
Rückblende

Wie kam es zur Trennung?

Nach der Beendigung einer langjährigen Partnerbeziehung, also einer späten Trennung, stellen sich viele die in die Vergangenheit gerichtete Frage: *„Wie konnte das passieren?“*

Eine kritische Reflexion führt meist zu der Erkenntnis, dass es ein sehr anspruchsvolles Unterfangen ist, über Jahre oder gar Jahrzehnte eine glückliche Partnerschaft zu führen. Dabei wird klar, dass es keineswegs selbstverständlich ist, die gegenseitige Neugier, das Interesse, die Lust aneinander und den gegenseitigen Respekt über so lange Zeit aufrechtzuerhalten. Darüber hinaus gibt es zahllose Arten, wie das Zusammenleben an den Herausforderungen der Wirklichkeit scheitern kann.

Während demjenigen, der den Partner verlässt, die Gründe für die Trennung bewusst sind, erkennt, geschweige denn akzeptiert derjenige, der verlassen wird, diese im ersten Kummer oft nicht. Helfen könnte es dem verlassenen Partner, seine alte Beziehung zu überdenken und sich zu fragen: *„Wer bin ich eigentlich ohne sie bzw. ihn?“*

Diese *Reflexionsphase* nach einer Trennung kann der Beginn einer Selbstfindungsphase sein, denn die eigenen Werte und Lebensziele haben sich mit denen des Partners oder der Partnerin oft vermischt und was genau davon zu wem gehört, ist unklar geworden.

Mit der Selbstreflexion gelingt es, sich selbst zu hinterfragen und realistisch-kritisch zu betrachten:

- Warum habe ich die ersten Anzeichen der Beziehungsstörung nicht erkannt?
- Welchen Anteil hatte ich am Scheitern der Beziehung?
- Was fehlt(e) mir in der Partnerschaft?
- Warum habe ich meine Wünsche nie geäußert?

- Welche „faulen Kompromisse“ bin ich eingegangen?
- Warum habe ich so lange „durchgehalten“?

Wenn man auf diese Weise die gemeinsamen Jahre mit Abstand betrachtet und bewertet, führt das fast immer zu wichtigen Selbsterkenntnissen, zum Beispiel:

- Ich habe mich zu sehr angepasst, zurückgenommen und vernachlässigt.
- Um des lieben Friedens willen habe ich Konflikte vermieden.
- Ich habe mich nie getraut, meine Bedürfnisse zu kommunizieren.
- Aus Angst vor Ablehnung konnte ich mich nie abgrenzen. Das Wort Nein war für mich immer ein Fremdwort.

Analyse der Trennungsursachen

Um eine Trennung nach Jahren oder gar Jahrzehnten einer Partnerschaft zu verstehen und zu verarbeiten, ist es aber über eine Selbstreflexion hinaus erforderlich, die *Trennungsursachen* zu analysieren.

Enttäuschte Erwartungen

Eine häufige Ursache für Trennungen sind enttäuschte Erwartungen.

Jeder, der eine Partnerschaft eingeht, hat ganz bestimmte Erwartungen an seinen Partner. Die Liste möglicher Erwartungen ist lang. Man wünscht sich z. B. Treue, Ehrlichkeit, Loyalität, Liebe, Achtung, Vertrauen, Nähe, Freiheit, Verständnis, Unterstützung, gleiche Lebensziele, finanzielle Sicherheit, befriedigende Sexualität, Wertschätzung und Respekt.

Im folgenden Beispiel geht es um die enttäuschten Erwartungen Verständnis, Wertschätzung und Respekt.

Fiona, 69:

> *Früher waren mein Mann und ich viel unterwegs und haben viel zusammen unternommen. Inzwischen liebe ich es aber, meine Ruhe zu haben, ein Waldbad zu nehmen und zu meditieren. Ich erwarte nicht, dass mein Mann sich mir anschließt, oft bin ich aber verärgert, wenn er versucht, meine Aktivitäten lächerlich zu machen und mich zu etwas zu überreden, was ich nicht möchte. Wenn er nicht toleranter wird und mir meine Bedürfnisse zugesteht, werde ich mich von ihm trennen.*

Wesentlich für die Frage, welche Bedeutung die Erwartungen für das Zusammenleben in einer Paarbeziehung haben, sind auch ihre Rangordnung und ihr Umfang.

Wenn Erwartungen überzogen sind oder sogar den Charakter von Forderungen annehmen, können sie heftige Reaktionen auslösen, wie Aggressionen oder Verbitterung, und auf Dauer zum Abbruch der Beziehung führen.

Wer von seinem Partner erwartet, für eigene Defizite entschädigt zu werden, hat überzogene Erwartungen. Das überfordert die Partnerschaft und lässt sie unter der Last der Forderungen zerbrechen, wie folgende Beispiele zeigen:

Roland, 64:

> *Meine Frau erwartet von mir, dass ich sie glücklich mache und für die vielen Frustrationen und Defizite ihres Lebens entschädige. Das belastet und erdrückt mich, und immer öfter denke ich darüber nach, wie ich dieser Situation entkommen kann.*

Wolfgang, 67:

> *Meine Frau ist seit einiger Zeit auf dem Fitness- und Gesundheitstrip, ist Veganerin geworden und erwartet, dass ich mich ihrem neuen Lebensstil anschließe. Ich fühle mich äußert unwohl, wenn*

sie an mir herumnörgelt, obwohl nicht ich mich verändert habe, sondern sie. Wenn sich ihr Fanatismus nicht legt, werde ich ausziehen, denn das ist nicht der Ruhestand, den ich mir vorgestellt habe. “

Aus meiner Konfliktberatung kann ich bestätigen, dass sehr viele Ehen oder Partnerschaften daran kranken, dass einer der Partner *überzogene Erwartungen* an den anderen hat. Man akzeptiert den Partner nicht so, wie er *ist*, sondern stellt sich vor, wie er sein *sollte*.

Meiner Beobachtung nach sind es vor allem folgende Erwartungen, die häufig nicht erfüllt werden können und zu Frustration, Streit und am Ende zur Trennung führen:

- Die häufigste Erwartung ist *bedingungslose Liebe*. Absolut bedingungslos geliebt zu werden ist eine unrealistische Erwartung, weil dafür beide Partner entweder perfekt oder ignorant gegenüber ihren eigenen Bedürfnissen, Ansprüchen und Ansichten sein müssten.
- Häufig erwarten Partner voneinander eine *dauerhafte Harmonie* ohne Auseinandersetzungen. Dabei blenden sie aus, dass an einer Beziehung zwei unterschiedliche Menschen beteiligt sind, die immer wieder Kompromisse aushandeln müssen, damit die Interessen beider Partner gewahrt bleiben bzw. ihre Bedürfnisse berücksichtigt werden.
- Viele Paare erwarten, dass der andere ihnen jeden Wunsch von den Augen abliest. Leider fehlt oft Realitätssinn – es treffen schließlich zwei Menschen aufeinander, die beide nicht perfekt sind.
- Auch die Erwartung eines Partners, permanent gelobt zu werden, kann belastend (zwanghaft) sein und überfordern.
- Viele Partner denken, dass sie alles gemeinsam machen müssen, und nehmen dem anderen damit die Möglichkeit, Außenkontakte (Freundschaften) und eigene Hobbys zu pflegen.

- Sturköpfe und Besserwisser stören die Harmonie, indem sie erwarten, dass der andere sich ändert oder nachgibt.
- Viele Paare erwarten, dass sich Verliebtheit und sexuelle Faszination für ein ganzes Leben konservieren lassen, und sind frustriert, weil das unmöglich ist.

Die Tendenz zur überzogenen Erwartungshaltung an einen Partner zeigt sich bereits bei der Partnersuche, wie folgende Anekdote (Verfasser unbekannt) deutlich macht:

In Wiesbaden, Mainz und Frankfurt haben kürzlich „Fachgeschäfte für Ehemänner" eröffnet, in denen sich Frauen neue Exemplare aussuchen können. Am Eingang hängt eine Anleitung, die die Regeln erklärt, nach denen dort eingekauft werden kann:

„Das Geschäft darf nur einmal aufgesucht werden. Es gibt 6 Stockwerke mit Männern, deren Eigenschaften von Stock zu Stock besser werden. Sie können sich entweder einen Mann aus dem Stockwerk aussuchen, auf dem Sie sich befinden, oder Sie können ein Stockwerk weiter hoch gehen und sich dort umsehen. Sie können aber nicht zurück in ein niedrigeres Stockwerk gehen, das Sie bereits verlassen haben."

Eine Frau geht ins Geschäft, um sich einen Mann zu suchen. Im 1. Stock hängt ein Schild: *„Diese Männer haben Arbeit."* Im 2. Stock hängt ein Schild: *„Diese Männer haben Arbeit und mögen Kinder."* Im 3. Stock hängt ein Schild: *„Diese Männer haben Arbeit, mögen Kinder und sehen gut aus." „Wow"*, denkt die Frau, fühlt sich aber gezwungen, weiterzugehen. Sie geht in den 4. Stock und liest: *„Diese Männer haben Arbeit, mögen Kinder, sehen verdammt gut aus und helfen im Haushalt." „Oh Gott, ich kann kaum widerstehen"*, denkt sie sich, geht aber dennoch weiter. Im 5. Stock ist zu lesen: *„Diese Männer haben Arbeit, mögen Kinder, sehen verdammt gut aus, helfen im Haushalt und haben eine romantische Ader."* Die Frau ist nahe dran, zu bleiben, geht aber dann doch weiter in den 6. Stock. Auf dem Schild steht: *„Sie sind Besucherin Nummer 31.456.012. Hier gibt es keine Männer, das Stockwerk existiert nur, um zu zeigen, dass es unmöglich ist, Frauen zufriedenzustellen. Vielen Dank für Ihren Einkauf im Fachgeschäft für Ehemänner. Auf Wiedersehen."*

Die Anekdote steht für das Phänomen, dass sich immer mehr Menschen bereits bei der Partnersuche wie bei der Auswahl eines Konsumgutes verhalten. Alles soll möglichst perfekt sein. Einen Partner wie eine Ware mit zugesicherten Eigenschaften, notfalls mit Umtauschrecht, zu betrachten und zu bewerten, kann nur zur Enttäuschung führen. Selbst wenn man glaubt, den „idealen Partner" gefunden zu haben, bleibt unberücksichtigt, dass sich dieser – so wie man sich selbst auch – im Laufe der Zeit verändert. Man entwickelt andere Einstellungen und Interessen und hat dann nach Jahren vielleicht das Gefühl, den falschen Mann oder die falsche Frau geheiratet zu haben.

Routine – die Niederungen des Alltags

Wenn eine Beziehung beginnt, ist alles neu. Schmetterlinge im Bauch lassen einen den Fokus auf die eigenen Gefühle richten, die Welt erscheint durch die rosarote Brille mit einem Mal besonders schön und generell gehen Verliebte wie auf Wolken.

Wenn Paare bereits eine längere Zeit zusammen sind, stellt sich in vielen Bereichen eine gewisse Routine in der Beziehung ein. Es spielt sich ein, wer den Müll hinausträgt, wann man miteinander schläft, wer für die Finanzen zuständig ist, wer den Kontakt zu den Freunden hält usw. Es gibt vielleicht auch keine Grundsatzdiskussionen mehr.

Obwohl Routine an sich nicht als negativ zu beurteilen ist, eine gewisse Sicherheit bietet und den Alltag erleichtern kann, bringt sie aber auch Gleichförmigkeit und Langeweile mit sich. Besonders für Langzeitpaare kann Routine zum echten „Beziehungskiller" werden. Wenn sie abends nur noch schweigend gemeinsam vor dem Fernseher hocken, mögen sie sich fragen, wo das aufregende Prickeln geblieben ist, das sie in der ersten Zeit auf „Wolke sieben" schweben ließ. Von Paaren, die man fragt, warum sie sich nach vielen Jahren getrennt haben, hört man oft, sie hätten sich auseinandergelebt.

Alltag und Routine lassen so manche Partnerschaft erstarren. Viele Paare merken zu spät, dass der Alltag die Beziehung lenkt und nicht mehr die Gefühle füreinander, weil irgendwann die Routine als selbstverständlich hingenommen wird.

Mangelnde Wertschätzung, Respektlosigkeit und Missachtung

Wertschätzung beflügelt eine Partnerschaft. Wir kennen das aus der Verliebtheitsphase. Fehlende Wertschätzung in der Partnerschaft ist ein Problem, das viele Menschen plagt, denn in vielen Beziehungen wird der Partner mit zunehmender Zweisamkeit als Selbstverständlichkeit betrachtet.

Der *Mangel an Wertschätzung* ist ein häufiger Trennungsgrund. Das ist oft darin begründet, dass wir das, was immer da und verfügbar ist, weniger wertschätzen. Ein Sprichwort macht das deutlich: *„Willst du was gelten, mach dich selten."* Das aber ist im täglichen Zusammenleben das Problem. Die ständige Anwesenheit des anderen kann nerven, besonders seine Marotten, die gerade dann überwertig wahrgenommen werden.

Aus mangelnder Wertschätzung entwickelt sich sehr schnell *Respektlosigkeit*. Sie äußert sich darin, dass einer der Partner die Grenzen des Anstandes überschreitet und damit die Rechte des anderen missachtet.

Respektlosigkeit ist ein beliebtes Mittel, eine Art von Hierarchie in einer Beziehung herzustellen oder aufrechtzuerhalten. Sie entzieht jemandem den Wert, der ihm eigentlich zusteht. Dauerhafte Respektlosigkeit wirkt so destruktiv, dass sie zum Ende der Beziehung führen kann.

Heike, 59:

> *Was meine Mutter sich nie getraut hätte, habe ich für mich eingefordert, und ich habe die Weichen für ein Leben in Würde gestellt. Respekt, Achtung und Fürsorglichkeit habe ich bereits seit Jahren vermisst. Dennoch hat es lange gedauert, bis ich endlich den Absprung geschafft habe.*

In der Tat ist es schwierig, sich aus einer Beziehung zu lösen, wenn man lange Jahre respektlos behandelt wurde, denn der Gewöhnungseffekt vernebelt die Wahrnehmung und vermittelt das Gefühl der Normalität. Darüber hinaus wird das Selbstwertgefühl Betroffener nach dem Prinzip *„Steter Tropfen höhlt den Stein"* angegriffen. Infolgedessen finden sie oft nicht die Kraft, die notwendig wäre, um zu gehen.

US-Forscher haben über Jahre hinweg Hunderte Paare begleitet, um die häufigste Ursache für eine Trennung zu finden. Das Team um den Psychologen John Gottman hat sich intensiv mit Kommunikationssünden von Langzeitpaaren beschäftigt und konnte zeigen, dass *Missachtung*, die in der Verweigerung von Achtung besteht, der Hauptgrund für das Scheitern von Langzeitbeziehungen ist.[4] Sie führt zur Entwürdigung und ist ein Attentat auf die Seele. Vom Partner missachtet zu werden ist Mobbing, wodurch die Würde angegriffen wird. *„Du bist es nicht wert, wahrgenommen und geachtet zu werden"*, ist die vernichtende Botschaft, die durch Missachtung vermittelt wird. Der Schritt zur Verachtung ist dann nicht mehr weit.

Neben Missachtung sind *Abwertungen* nicht nur der Zündstoff in der Kommunikation, sie zählen zu den schlimmsten Kommunikationssünden. Abwertungen verhindern konstruktive Konfliktgespräche und sind Gift für jede Kommunikation. Im schlimmsten Fall wird der Partner über Jahrzehnte immer wieder in aller Öffentlichkeit bloßgestellt, lächerlich gemacht, abgewertet. Diese Strategie ist begründet in einer (enttäuschten) Idealisierung, die direkt in die Beziehungssackgasse namens Abwertung führt. Am Ende hat man auch noch das letzte Körnchen Respekt vor dem anderen verloren.

Im Kern bleibt aber der Grund für die finale Trennung derselbe: Eine (ungesunde) Idealisierung ist langsam in (destruktive) Abwertung umgeschlagen.

Destruktive Kommunikation und verbale Gewalt

Destruktive Kommunikation zeigt sich an folgenden Facetten: Man lässt den anderen nicht zu Wort kommen oder reagiert gelangweilt auf das, was er sagt. Dadurch wird ihm das Gefühl von Bedeutungslosigkeit vermittelt.

Fühlt sich der Partner häufig nicht an- und wahrgenommen mit dem, was ihm auf der Seele liegt, so entsteht das Gefühl, nicht geliebt zu werden und nichts wert zu sein. Man verliert im Streit die Kontrolle und beschimpft oder beleidigt den Partner. Das sind massive Respektlosigkeiten und ein absolutes No-Go. Stete Beleidigungen zerstören alles – die Liebe, die Intimität, das Vertrauen und das Selbstwertgefühl des Partners.

Neben Missachtung und Abwertungen sind alle *verbalen Übergriffe* respektlos. Worte können tief verletzen. Wenn Ihr Partner oder Ihre Partnerin Sie mit Worten beleidigt, demütigt, lächerlich macht oder bloßstellt, fehlt es nicht nur an Respekt und Wertschätzung, es wird *verbale Gewalt* angewandt.

Verbale Gewalt bedeutet nicht unbedingt, dass man angeschrien wird – die Verletzung passiert oft viel subtiler: hier ein böser Kommentar, da ein zynischer Spruch. Gerade Frauen werden in Beziehungen häufig Opfer von verbaler Gewalt:

- *„Du bist zu doof, um zu kapieren, was ich sage."*
- *„Dein Obergestell passt nicht zum Untergestell!"*
- *„Du beeindruckst mich immer wieder mit deiner gepflegten Halbbildung."*
- *„Dir kann man im Laufen die Schuhe besohlen."*
- *„Das schaffst du nie!"*
- *„Du bist wie eine kalte Hundeschnauze."*

Manche Partner lassen einander auflaufen. Sie weichen aus, mauern, verweigern die Kommunikation. Das ist destruktive, *passiv-aggressive Kommunikation,* die sich auf Partnerschaften zersetzend auswirkt. Man setzt aggressives Schweigen ein, um Macht auszuüben und den anderen zu bestrafen oder zu verunsichern.

Alle Formen der destruktiven Kommunikation führen zu einem fortschreitenden Selbstwertverlust des Partners. Der Betroffene fühlt sich gedemütigt – ein Zeichen dafür, dass die Beziehung nicht in Ordnung ist. Das kann auch im reifen Alter noch zur Trennung führen. Dazu ein Beispiel:

Inge, 73:

> ” *Ich war 70, als ich merkte, dass ich etwas ändern musste, denn mir fehlte immer mehr der Respekt meines Mannes. Statt höflich zuzuhören, hat er das, was ich sagte, immer gleich abqualifiziert: ‚Ach, das ist ja alles Quatsch!‘ Wenn ich einen respektvollen Umgang einforderte, machte er dicht. Am Ende habe ich meine Bemühungen, ihn zum Reden und zum respektvollen Umgang zu bewegen, aufgegeben. Es fiel mir immer deutlicher auf, dass andere Paare netter miteinander umgingen, und ich wollte auf keinen Fall so weitermachen. Ich zog in das Haus meiner verwitweten Schwester, wobei jeder seine eigene Wohnung hat. Das ist wunderbar, denn wir verstehen uns blind, vertrauen einander und unternehmen viel gemeinsam.* “

Inge hat sich durch die späte Trennung aus einem respektlosen Milieu befreit. Der Faden der Beziehung zwischen ihr und ihrem Mann war aber offenbar schon vor Jahren abgerissen. Offensichtlich ist bei Inge aber kein Gewöhnungseffekt durch permanente Respektlosigkeit ihres Mannes eingetreten. Irgendwann hat sie ihre Bemühungen eingestellt, von ihrem Mann Respekt einzufordern. Im Nachhinein wundert sie sich, warum sie so lange geblieben ist. Es sei schon eine Mutprobe gewesen, sagt Inge, aus dem Trott des gewohnten Lebens auszusteigen. Zudem habe sie die Schritte in ein Leben als Single erst lernen müssen und sie habe Zeit zum Lernen gebraucht, um so leben zu können, wie sie es jetzt tut: allein, ohne Mann und nach eigenen Regeln.

Langeweile, Entfremdung und Gleichgültigkeit

Es ist nicht immer der Paukenschlag, mit dem eine lange Partnerschaft beendet wird, eine lange Beziehung kann auch an Langeweile, Entfremdung und Gleichgültigkeit zugrunde gehen. Nach vielen Jahren des Zusammenlebens kommt das leider oft vor.

Langeweile ist der Tod einer jeden Beziehung. Wenn alles in gleicher Weise nach gleichem Rhythmus erfolgt, wird jeder Beziehung die Lebendigkeit entzogen. Obwohl Stabilität, Verlässlichkeit und Geborgenheit grundsätzlich etwas Wunderbares sind, ist Routine auf Dauer öde. Wenn jeder Tag auf die gleiche Weise und jeder Urlaub am gleichen Ort verbracht wird, wenn nichts Neues, Herausforderndes mehr geschieht, schleicht sich Langeweile in die Beziehung ein.

Langeweile ist ein Problem in der Beziehung und wird von vielen Paaren zunächst im Schlafzimmer am Verlust aufregender Leidenschaft festgemacht. Ist Intimität nicht aufregend, wird häufig die ganze Partnerschaft als langweilig empfunden. Auch klagen viele, sie könnten zu wenig mit dem geliebten Menschen unternehmen.

Im Grunde ist Langeweile in der Beziehung eine Frage der Bindung und der Kommunikation. *„Was möchtest du heute Abend machen?"* ist nämlich entgegen dem ersten Empfinden keine zugewandte Kommunikation, sondern nur eine neutrale. Zugewandt wäre ein konkreter Vorschlag, womöglich durchdacht, weil er die Bedürfnisse des Partners aufgreift: *„Ich würde dich heute Abend gerne in das Lokal entführen, von dem du vergangene Woche gesagt hast, dass du es gerne mal probieren würdest."* Mit dieser Kommunikation fühlt sich der Partner mit seinen Wünschen wahrgenommen und anerkannt. Das sind die kleinen Momente, die für Bindung sorgen und diese stärken.

Der Hauptgrund für eine Trennung nach vielen Ehejahren ist die schleichende *emotionale Entfremdung*. Sie ist die Folge einer Form destruktiver Kommunikation, die daran erkennbar ist, dass man sich einander nicht mitteilt oder die Kommunikation sogar verweigert (aggressives Schweigen, s. o.). Frauen leiden besonders unter dem Schweigen, weil sie in der Regel ein stärkeres Bedürfnis nach Kommunikation und Nähe haben.

Susanne, 64:

> *Als mein Mann und ich uns kennenlernten, waren wir beide berufstätig, er war 32, ich 30. Wir waren natürlich verliebt und verbrachten jede freie Minute miteinander. Wir gingen häufig ins Kino, hatten ein Abonnement im Schauspielhaus und fuhren im Winter auf Skiurlaub. Nach drei Jahren haben wir geheiratet und bald kamen zwei Kinder. Im Laufe der Ehejahre hatten wir immer weniger Zeit füreinander. Gespräche fanden nur noch über Alltägliches statt. Irgendwann empfand ich mich nur noch als funktionierende Haushälterin. Wir bemerkten nicht, dass wir uns schweigend immer mehr voneinander entfernten. Ich habe mir das, was ich vermisst habe, außerhalb der Ehe organisiert und mich eines Tages ohne Blick zurück im Zorn getrennt.*

Bernd, 70:

> *Kurz vor meinem 70. Geburtstag habe ich mich nach 42 Ehejahren von meiner Frau getrennt. Begonnen hat die emotionale Entfremdung mit kleinen Auseinandersetzungen, die sich zu Dauernörgeleien, Rückzug und Schweigen entwickelten. Am Ende kam ich mir als Statist vor und hatte das Gefühl, meiner Frau nichts mehr recht machen zu können. Leider bemerkte ich die Kluft zwischen uns viel zu spät.*

Eine emotionale Entfremdung entwickelt sich schleichend, sie könnte folgenden Verlauf nehmen:

Ein erstes Signal für den Prozess einer emotionalen Entfremdung zeigt sich im Rückzug durch Schweigen: Während sie an allem rumnörgelt, weicht er in den Hobbykeller aus. Die Gründe für das Nörgeln, z. B. Unzufriedenheit, werden nicht mehr erörtert, eine Verbesserung der Situation ist deshalb nicht möglich. Bei der Frau verfestigt sich mit der Zeit das Gefühl: *„Mein Mann versteht mich nicht, mit ihm kann ich nicht reden!"* Sie sucht ersatzweise Nähe und Verständnis bei ihrer besten Freundin, bei der sie sich über ihren Mann beklagt. Das bringt einerseits Entlastung, verstärkt aber andererseits die Entfremdung von ihrem Mann. Zuerst empfindet sie noch Wut und Aggression. Sie spürt, dass ihre emotionalen Bedürfnisse von ihrem Partner nicht mehr wahrgenommen werden. Durch die aus ihr irgendwann heraussprudelnde Wut fühlt sie sich zumindest für den Moment nicht mehr hilflos und hofft insgeheim, dass ihr Partner sein Verhalten vielleicht doch ändert.

Erreicht sie durch ihren Wutausbruch nichts, kommt es zur zweiten Stufe, der *Trauer.* Bereits in ihrer Kindheit hat sie die Erfahrung gemacht, dass sie durch Trauer meist mehr erreichen kann als durch einen Wutausbruch, denn die wenigsten Menschen können die Tränen eines anderen ertragen und geben dann meist nach.

Gelingt das nicht, folgt die *Resignation*: Macht sie immer wieder die Erfahrung, dass ihre emotionalen Bedürfnisse nicht wahrgenommen werden, resigniert sie irgendwann und zieht sich mehr und mehr von ihrem Partner zurück. Auch sie teilt sich ihm nun nicht mehr mit, macht ihre Probleme mit sich oder mit Freunden aus und sucht sich Ersatz für fehlende Zuwendung. Sie empfindet an dieser Stelle keine Trauer mehr, sondern ist teilnahmslos und gleichgültig, akzeptiert langsam den Tod ihrer Beziehung und orientiert sich neu. Sie ist möglicherweise zu dem Schluss gekommen, dass sie nicht mehr verletzt werden kann, wenn sie keine Erwartungen an ihren Partner hat. Sie verspürt keinen Kummer mehr, der sie lähmt, keine Enttäuschung, keinen Schmerz. Es ist ein Zustand, der sich besser anfühlt als die früheren Phasen der Trauer und Hilflosigkeit.

Gerade diese Resignation ist aber oftmals verhängnisvoll, denn dadurch wird die Entfremdung noch schneller vorangetrieben. Reden Partner nicht mehr miteinander, ist es gar nicht möglich, dass sie voneinander wissen, was im jeweils anderen vorgeht oder was der andere fühlt und denkt. Die Abwärtsspirale dreht sich weiter, denn das Schweigen hat wiederum oftmals zur Folge, dass die beiden immer weniger Zeit miteinander verbringen. Die Nähe des anderen wird irgendwann lästig. Man trifft sich lieber mit guten Freunden, anstatt das Wochenende mit der Partnerin oder dem Partner zu verbringen, um wenigstens für ein paar Stunden der schlechten Stimmung oder dem Schweigen in den eigenen vier Wänden zu entfliehen.

Es liegt auf der Hand, dass diese Isolation voneinander den Prozess der Entfremdung verstärkt und ein empathischer Umgang miteinander nicht mehr möglich ist, weil die Fronten zu verhärtet sind. Dann beginnt die schlimmste Form der Einsamkeit, die zu zweit. Viele solcher Paare führen über lange Strecken eine *Fassadenbeziehung,* in der sich jeder unverstanden und einsam fühlt.

In vielen Langzeitpartnerschaften kommt es leider nicht nur zur Entfremdung, sondern es schleicht sich oft sogar *Gleichgültigkeit* ein. Sie ist das Gegenteil von Wertschätzung und Liebe und bringt zum Ausdruck, dass man am anderen nicht (mehr) interessiert ist. Es lässt reifere Paare sozusagen „kalt“, wie es dem jeweils anderen geht, wie er sich verhält und was ihn bewegt. Man ist sich letztlich einfach egal.

Maria, 62:

> *Ich habe mich nach 40 Jahren von meinem Mann getrennt. Vier Kinder haben wir gemeinsam großgezogen und in einem Einfamilienhaus in einer Kleinstadt gelebt. Mein Mann veränderte sich, als er in Rente ging. Er ließ sich gehen, achtete nicht mehr auf Körperpflege, lag den ganzen Tag in Trainingshose auf der Couch vor dem Fernseher und war für mich nicht ansprechbar. Wie ich mich dabei fühlte, war ihm offensichtlich egal. So hatte ich mir den Ruhestand nicht vorgestellt. Ich wurde unzufrieden. Eines Tages spürte ich, dass für mich eine Grenze erreicht war, und zog aus.*

Das Beispiel zeigt, dass „sich gehen zu lassen“ ein sicheres Anzeichen für Gleichgültigkeit ist. Marias Mann hat es nicht interessiert, wie seine Frau sich fühlte. Er stand ihr nicht einmal mehr als Gesprächspartner zur Verfügung.

Aber auch Frauen können gleichgültig gegenüber ihren Partnern werden. Wenn ihr Partner z. B. mit gesundheitlichen Problemen zu kämpfen hat, leiden sie nicht mehr mit ihm und bieten ihm keine echte Unterstützung an – weil er ihnen im Grunde ihres Herzens gleichgültig ist und sie keine Empathie mehr für ihn empfinden. Sie haben möglicherweise lange genug anstrengende Kämpfe ausgefochten, jetzt fehlt es ihnen an Kraft und/oder Lust, noch mehr in diese Verbindung zu investieren. In dieser Phase ist klar, dass man zu zweit am Ende ist, denn so negativ Gefühle wie Abneigung, Wut oder Hass sind, sie zeigen, dass man noch etwas für den anderen empfindet. Bei Gleichgültigkeit setzt Empathielosigkeit ein, man empfindet einfach gar keine Gefühle mehr für den Partner. Spätestens dann ist die Beziehung gescheitert.

Wie es sich anfühlt, wenn einem die Gefühle füreinander „abhandengekommen“ sind, hat Erich Kästner in seiner „Sachlichen Romanze“ treffend zum Ausdruck gebracht:

Als sie einander acht Jahre kannten
(und man darf sagen: sie kannten sich gut),
kam ihre Liebe plötzlich abhanden,
wie anderen Leuten ein Stock oder Hut.

Sie waren traurig, betrugen sich heiter,
versuchten Küsse, als ob nichts sei,
und sahen sich an und wussten nicht weiter.
Da weinte sie schließlich. Und er stand dabei.

Vom Fenster aus konnte man Schiffen winken.
Er sagte, es wäre schon Viertel nach Vier
und Zeit, irgendwo Kaffee zu trinken.
Nebenan übte ein Mensch Klavier.

Sie gingen ins kleinste Café am Ort
und rührten in ihren Tassen.
Am Abend saßen sie immer noch dort.
Sie saßen allein, und sie sprachen kein Wort
und konnten es einfach nicht fassen.[5]

Veränderte Paardynamik

Vielen Paaren ist nicht bewusst, dass ihre Entscheidung füreinander von ihren Herkunftsfamilien aufgrund ihrer Prägezeit durch ihre Eltern beeinflusst wurde. Es geht dabei um die *Paardynamik*, um Veränderung und Entwicklung in Paarbeziehungen.[6]

Unbewusst sucht jeder nach dem, was er kennt. Wer z. B. als Junge einen dominanten Vater und eine angepasste Mutter hatte, orientiert sich später bei der Suche nach einer Partnerin an diesem Vorbild. Und wer als Mädchen einen dominanten Vater hatte und eine Mutter, die sich dessen Entscheidungen und Anweisungen fügte, wird dieses Modell als „normal“ empfinden und sich bei der Suche nach einem Partner dementsprechend verhalten.

In meiner Beratung war eine intelligente Frau, Anfang 50, die beruflich sehr erfolgreich war. Jeder zweite Satz von ihr lautete: *„Mein Mann hat gesagt …"* Ich habe sehr lange gebraucht, um herauszufinden, was eigentlich ihre Position war und warum sie immer wieder ihren Mann zitierte. Dabei stellte sich heraus, dass ihre Mutter ebenfalls eine überaus angepasste Frau war, die ihrem cholerischen Mann niemals widersprach, um Konflikte zu vermeiden.

Die während der Prägephase von den Eltern beobachtete Paardynamik setzt sich transgenerational fort.[7] Ein Beispiel dafür sind Frauen, die bei ihren Eltern ein destruktives Beziehungsmuster kennengelernt haben, später gewaltbereite Männer heiraten und sich schließlich in Frauenhäuser flüchten.

Es gibt viele weitere Kopplungen dieser Art, so kann beispielsweise Liebe an Leistung und Sexualität an Gewalt oder Abwertung geknüpft sein. Trotzdem verlieben sich Menschen ineinander, wenn sie vertraute Muster (wieder-)erkennen.

Die Paardynamik verändert sich im Laufe einer langjährigen Beziehung. Zum ersten Mal erfahren das Paare, wenn sie Eltern werden und sich dadurch in einer neuen Rolle wiederfinden. Gleiches geschieht, wenn die Familienphase endet und die Kinder flügge werden.

Von der dadurch veränderten Beziehungsdynamik handelt der deutsche Fernsehfilm *„Wo ist die Liebe hin"* von Alexander Dierbach aus dem Jahr 2021. Es geht um das Paar Agnes und Gregor, das sich – nach Jahrzehnten harmonischer Ehe – mit einer neuen Rollenverteilung konfrontiert sieht, nachdem die Kinder ausgezogen sind.

Agnes war bisher Hausfrau mit Teilzeitjob, Gregor freiberuflicher Grafiker. Da für Agnes die Familienphase abgeschlossen ist und sie nicht länger nur die Familie als Zentrum ihres Lebens betrachtet, strebt sie Veränderung an und engagiert sich neben ihrem Job bei der Tafel. Das empfindet sie als sinnstiftende Aufgabe, die sie glücklich macht. Dadurch gerät aber die über Jahre gut funktionierende partnerschaftliche Rollenverteilung aus der Balance. Sie, die sich bisher um alles gekümmert hat, hat nun weniger Zeit. Gregor ist darüber frustriert, da er möchte, dass eigentlich alles bleibt, wie es bisher war. Die neue Situation spitzt sich weiter zu, als Gregor keine Aufträge mehr hat und auch deshalb unzufrieden ist.

Während Agnes Veränderung braucht, möchte Gregor Kontinuität, weil er in einem verhängnisvollen Lebensmuster aus Verlusten und Ängsten verhaftet ist. Die Veränderung in der Beziehung führt das Paar in seine erste große Krise, mit der keiner von beiden umgehen kann.

Gregor sucht das Gespräch mit Agnes. Sie reden über ihre Pläne, die sie einst geschmiedet hatten – auf Weltreise gehen, ein Kinderbuch illustrieren. Agnes möchte, im Gegensatz zu Gregor, diese Pläne *jetzt* realisieren. Beide müssen ernüchtert feststellen, dass sie als Paar auseinandergedriftet sind und ihnen schließlich die Liebe abhandengekommen ist.

Auch während der Wechseljahre der Frau (siehe „Umbrüche und Lebenskrisen", S. 50) verändert sich die Paarbeziehung häufig. Der Abfall des Hormons Östrogen und der zunehmende Einfluss des Hormons Testosteron hat zur Folge, dass Frauen kämpferischer und durchsetzungsfähiger werden. Das kann dazu führen, dass der bis dahin Überlegene sich plötzlich in der Position des Unterlegenen wiederfindet.

Ein weiterer Grund für eine Veränderung der Paardynamik ist der Entzug der einstigen Beziehungsgrundlage. Ist z. B. der Mann deutlich älter als die Frau und verfügt über mehr Erfahrung, überlässt sie ihm anfangs oft die Führungsrolle. Im Laufe der Jahre entwickelt sich die Frau aber, verfügt irgendwann auch über Erfahrungen, überflügelt ihren Mann eventuell sogar und macht ihm die Führungsrolle streitig, indem sie Gleichberechtigung und Mitbestimmung einfordert. Das kann der Mann als Bedrohung, schlimmstenfalls sogar als „narzisstische Kränkung" empfinden, was die bisherige Paarinteraktion empfindlich stören kann.

Die Covid-19-Pandemie hat uns allen umfangreiche Verhaltensänderungen abverlangt, die mit großen psychischen Belastungen verbunden waren und noch sind. Diese Belastungen brechen über beide Partner gleichermaßen herein. Große Stressfaktoren wie z. B. Kontaktbeschränkungen und Quarantäne lösen Gefühle wie Verunsicherung, Irritation und Wut aus und können auch die Paardynamik nachhaltig beeinflussen.

Im reiferen Alter kann es auch vorkommen, dass das Bedürfnis nach Intimität und Sexualität nachlässt. Wenn das bei nur einem Partner der Fall ist, hat das Auswirkungen auf die Paardynamik und kann zum Rückzug desjenigen führen, der sich unter Druck fühlt.

Vernachlässigte Beziehungspflege

Bereits Friedrich Schiller hat in seinem „Lied von der Glocke" eine Sehnsucht formuliert: *„Oh, dass sie ewig grünen bliebe, die schöne Zeit der jungen Liebe!"* Eine Partnerschaft ist wie eine Pflanze – wird sie nicht gepflegt, verkümmert sie. Alle, die einen Garten besitzen, wissen: Grün bleibt nur, was gepflegt, gegossen und gedüngt wird. Was beim Gärtnern gilt, hat auch im übertragenen Sinn für eine erfüllende partnerschaftliche Beziehung Bedeutung.

Leider unterliegen viele Paare dem Irrtum, dass das, was sie miteinander haben, normal ist und Glück und Harmonie automatisch für immer bleiben. Was man sicher zu haben scheint, um das muss man sich nicht mehr bemühen. Und genau dabei machen die meisten Paare einen Fehler, der Beziehungen oft scheitern lässt: Sie investieren nicht mehr in ihre Partnerschaft, entfremden sich mit der Zeit voneinander und leben sich auseinander.

Alltagsstress mit zu wenig Zeit füreinander wirkt sich oft auch auf die Partnerschaft aus und belastet die Beziehung. Er wirkt wie ein korrosiver Prozess, der lange unbemerkt bleibt und am Ende zur Entfremdung zwischen den Partnern führt (siehe „Langeweile, Entfremdung und Gleichgültigkeit", S. 40). Besonders vom Arbeitsplatz nach Hause gebrachter Stress vergiftet das Beziehungsklima, erhöht die Wahrscheinlichkeit für eskalierende Konflikte, reduziert intime Momente und gemeinsame Unternehmungen und kann auch im reiferen Alter noch zu einer späten Trennung führen.

Viele, deren Beziehung in den reifen Jahren gescheitert ist, müssen bei ehrlicher Analyse feststellen, dass sie sich selbst und einander vernachlässigt haben. Dabei ist auch die Beziehungspflege zum Erhalt der Paarbeziehung zu kurz gekommen und Intimität, Verbundenheit und das Vertrauen ineinander sind verloren gegangen. Die Partner trennen sich, weil sie sich auseinandergelebt haben und eine Entfremdung eingetreten ist. Emotionale Distanz, enttäuschte Erwartungen (siehe „Enttäuschte Erwartungen", S. 31), Auseinanderentwicklung – all das sind Folgen von vernachlässigter Beziehungspflege. Die Partner versäumten es häufig aufgrund des hektischen Alltags mit seinen diversen Stressoren, an der Entwicklung des jeweils anderen teilzuhaben und sich für ihn zu interessieren.

Wie hätte Beziehungspflege das verhindern können?

Unter *Beziehungspflege* ist alles zu verstehen, was man unternimmt oder unterlässt, um die Paarbeziehung zu stärken und zu pflegen. Dazu gehört vor allem *Aufmerksamkeit* und *Achtsamkeit*.

Beziehungen haben immer auch etwas mit Respekt zu tun, und den zeigen Sie ganz besonders, indem Sie Ihrem Partner Ihre ungeteilte Aufmerksamkeit zukommen lassen. Beobachtet man Paare, dann stellt man aber ernüchtert fest, dass das besonders in der heutigen Zeit alles andere als selbstverständlich ist. Ständig schaut einer von beiden auf sein Smartphone, checkt E-Mails, postet noch schnell ein Foto, liest die Nachrichten und schaut Sportergebnisse nach – und all das, während sich die Partner am Tisch gegenübersitzen und sich miteinander unterhalten könnten.

Volle, ungeteilte Aufmerksamkeit wäre ein einfacher, aber dennoch effektiver Weg, um eine Beziehung zu pflegen. Legen Sie das Telefon weg, schalten Sie den Fernseher aus und nutzen Sie die Gelegenheit, um sich wirklich mit dem anderen zu beschäftigen – und ihm zuzuhören.

Auch *Bestätigung*, die jeder Mensch braucht, ist Beziehungspflege. Meist bleiben positive Dinge viel zu oft unausgesprochen. Kritik zu äußern ist leicht, doch fällt es den meisten sehr schwer, positive Gefühle in Worte zu fassen und dem anderen gegenüber auszusprechen.

Vielleicht erkennen und bedauern Sie, dass Sie Ihrem Partner zu wenig oft gesagt haben, was Sie an ihm schätzen, was Ihnen am ihm gefällt, wofür Sie ihn respektieren und was sie an ihm bewundern.

Paartherapeuten wissen, dass jene Paare am glücklichsten sind, die sich zumindest zweimal pro Woche Zeit füreinander nehmen, um mindestens für eine Stunde gemeinsam etwas zu unternehmen, was nur mit ihnen und ihrer Beziehung zu tun hat.[8] Der Umkehrschluss ist: Wer keine Gemeinsamkeiten mehr pflegt, gefährdet den partnerschaftlichen Zusammenhalt und schwächt die Paarbeziehung.

Vielleicht werden Sie auch diesbezüglich im Nachhinein von der bitteren Erkenntnis geplagt: *„Ach wär' ich doch, ach hätt' ich doch …"* Aber selbst die beste Beziehungspflege kann natürlich nicht garantieren, dass Ihre Beziehung den Lauf der Zeit gut übersteht, denn Menschen sind dynamisch, verändern sich und können sich auch auseinanderentwickeln. Vielleicht erkennen Sie immerhin, dass die richtige Pflege der Beziehung die Chancen enorm erhöhen hätte können, Ihre Partnerschaft zu erhalten.

Umbrüche und Lebenskrisen

Auch Umbrüche und Lebenskrisen können Ursache für eine späte Trennung sein. Dazu gehören:

- die Midlife-Krise,
- der Verlust der Elternrolle,

- der Ruhestand,
- Krankheit und
- das Alter.

Die Midlife-Krise

Die Geliebte ist, wie schon erwähnt, inzwischen nicht mehr der Hauptauslöser für Trennungen und Scheidungen. Eher sind es Umbruchsituationen wie z. B. eine schwere Erkrankung, der Auszug der Kinder oder der Eintritt eines Paares in das Rentenalter. Diese besonderen Umbruchsituationen können zu der Erkenntnis führen, dass man sich als Paar auseinandergelebt hat.

Ein neuer Lebensabschnitt oder ein Umbruch kann Ehen in ihren Grundfesten erschüttern.

Wer glaubt, das Schlimmste schon hinter sich zu haben, wenn die Kinder die Pubertät überstanden haben, sieht sich getäuscht, denn dann beginnt die sogenannte Midlife-Krise.

Forscher bezeichnen die Midlife-Krise als eine Art „zweite Pubertät", die durch viele offene Fragen, Neuorientierung und neue Perspektiven gekennzeichnet ist.[9] Ähnlichkeiten mit der Pubertät finden sich auch im seelischen Zustand. Fragen wie *„Was will ich in diesem Leben noch erreichen? Wo steckt der Sinn hinter alledem?"* tauchen auf. In der Lebensmitte erkennen viele Menschen, dass mehr als die Hälfte ihres Lebens bereits vergangen ist, und bekommen den Eindruck, es ginge ab jetzt nur noch bergab. Die Folge ist eine handfeste Krise: die Midlife-Krise. Das Phänomen ist weit verbreitet und sorgt für jede Menge Unzufriedenheit. Manchmal sind sogar psychische Erkrankungen wie Depressionen die Folge.

In der Lebensmitte sind Wünsche nach Veränderung am größten, aber auch die damit verbundenen Risiken. In dieser Umbruchphase möchte so mancher Mann sich selbst und seiner Umwelt unbedingt beweisen, dass er noch nicht zum „alten Eisen" gehört, und umgibt sich ganz klischeehaft mit teuren Sportwagen und deutlich jüngeren Frauen.

Auch Männer leiden in der Midlife-Phase unter emotionalen Umschwüngen, denn bei ihnen sinkt der Testosteronspiegel. Sie leiden häufiger an depressiven Verstimmungen, Gewichtszunahme, Müdigkeit, Nervosität, Abnahme der Spannkraft und Libidoverlust. Damit stellt sich auch für Männer die Phase ein, in der ihnen erste Anzeichen des Alterns und der Endlichkeit bewusst werden, was sie nicht selten in ihrem Selbstbild erschüttert. Sie versuchen auf unterschiedlichste Art, die Anzeichen des Alterns zu kompensieren, um ihr Selbstbild aufzupolieren. Frauen sind in dieser Phase des Lebens aber längst nicht mehr so tolerant und gewillt, über eine Affäre hinwegzusehen, wie sie das in früheren Jahren vielleicht einmal waren, und ziehen daher schneller den Schlussstrich.

Paare, die sich infolge der Midlife-Krise in einer Sinnkrise befinden, stellen sich nicht selten die Frage *„Soll das alles gewesen sein in meinem Leben?"* und trennen sich dann plötzlich und ohne große Vorwarnung, um ein neues Leben zu beginnen.

Evelyn, 55:

> *Mein Mann, 56, war schon lange nörgelig und unzufrieden, obwohl wir alles erreicht haben: gutes Setting im Beruf, schönes Haus, zwei wunderbare Kinder. Nach unserer Silberhochzeit hat er sich von mir getrennt, um ein neues Leben zu beginnen, wie er sagte. Ich hatte das Gefühl, dass er sich in der Midlife-Krise befand und sich nicht mit dem Älterwerden auseinandersetzen wollte.*

Die Midlife-Krise ist auch für Frauen eine bedeutende Umbruchphase, die mit dem *Klimakterium* (Wechseljahre) einhergeht und durch den Abfall des Hormons Östrogen gravierende körperliche und seelische Folgen hat. Viele Frauen entdecken während der Wechseljahre nicht nur sichtbare Veränderungen wie Gewichtszunahme, Falten, Ergrauen der Haare und Haarausfall, sondern leiden auch unter Stimmungsschwankungen und nachlassender Libido. Ihr Selbstbild gerät ins Wanken, denn sie spüren, dass sich etwas nachhaltig verändert hat, dass sie ihre jugendliche Attraktivität verloren haben und sie sich in einer kräftezehrenden Umbruchphase befinden. Ihr Körper funktioniert nicht mehr wie gewohnt und die perfekte Fassade aufrechtzuerhalten ist eine permanente Überforderung, die viel Kraft kostet.

Die Wechseljahre sind aber nicht nur die Zeit hormoneller Veränderungen, sondern auch eine Zeit, in der Frauen im Leben Bilanz ziehen und sich möglicherweise noch einmal grundsätzlich umorientieren. Sie bringen Veränderungen, die sich körperlich und seelisch bemerkbar machen. Die Frauen erleben sich als verwundbarer, empfindlicher und nicht so belastbar. Einerseits müssen sie mit den Wechseljahresbeschwerden klarkommen, andererseits haben diese auch Auswirkungen auf ihre Partnerschaft.

Harald, 59:

» *Humor war stets eine feste Größe in unserer Beziehung. Meine Frau und ich liebten es, uns gegenseitig zu frotzeln. Aber dann kam eine Zeit, da war Satire plötzlich nicht mehr möglich. Wenn ich meine Frau liebevoll aufzog, reagierte sie ganz anders als erwartet: eingeschnappt und gereizt. Alles, was ich sagte, schien sie wörtlich zu nehmen. Jutta war 50, vielleicht seien es ja auch die Wechseljahre, die ihr auf die Stimmung drückten, meinte sie. Ich hatte anfangs viel Verständnis, mit der Zeit aber gab es nur noch böse Missverständnisse und dadurch Missstimmungen, die uns immer weiter voneinander entfernten. Weil ich das auf Dauer nicht mehr ertragen konnte, trennten wir uns räumlich. Im Dachgeschoss unseres Hauses richtete ich mir eine eigene Wohnung ein.* «

Oftmals beklagen sich Frauen über ein nicht kontrollierbares Gefühlschaos, das dann auch der Partner zu spüren bekommt. An einem Tag noch fröhlich und motiviert, am nächsten Tag dann grundlos traurig oder sogar depressiv – die Menopause treibt viele Frauen an den Rand der Verzweiflung. Wenn Stimmungsschwankungen über einen längeren Zeitraum bestehen, ohne Hoffnung auf Verbesserung der Situation, kann das Partner überfordern.

Umso klarer wird ihnen dann: Ich muss die Zeit nutzen, die ich noch habe. All diese Faktoren zusammen können zu einer handfesten Krise führen, die das Leben ordentlich durcheinanderwirbelt. Wenn diese Phase mit dem Flüggewerden der Kinder und deren Auszug aus dem Elternhaus zusammentrifft und die Partner dadurch aus ihrer Funktion als Eltern entlassen werden, kann sich ein solch gravierender Umbruch zur Sinnkrise und zu einer Lebenskrise entwickeln, die schließlich zu einer späten Trennung führen kann.

Der Verlust der Elternrolle

Nicht selten ist es so, dass Wechseljahre und Verlust der Elternrolle zusammenfallen.

Conny hielt sich für eine glückliche Mutter und Ehefrau. Doch als auf einmal die erwachsenen Kinder aus dem Haus waren, fühlte sie sich leer und alleingelassen. Natürlich wünschte sie sich für die Sprösslinge nur das Beste, aber dennoch ging deren Auszug mit einem Gefühl der tiefen Traurigkeit einher. Dazu mischte sich in den nächsten Tagen Unsicherheit. Was sollten sie und ihr Mann jetzt machen? Von heute auf morgen war alles anders. Keiner hörte mehr zu laut Musik oder ließ die Schmutzwäsche im Flur liegen. Die Chipstüten und Tiefkühlpizzen blieben unangetastet. Auf das gewohnte Chaos folgte eine bedrohliche Stille. Fachleute nennen dieses Phänomen Empty-Nest-Syndrom.

Es dauerte nicht lange, da stellte sich eine Ehekrise ein. Conny fühlte sich überflüssig und unausgelastet. Auch ihr Mann wusste nicht, wie er mit der neuen Situation umgehen und womit die entstandene Leere gefüllt werden sollte.

Sogar die Gespräche am Esstisch erstarben, sodass die beiden ihre Mahlzeiten schon bald gemeinsam vor dem Fernseher einnahmen.

Mit dem Auszug der Kinder bricht das bisherige Familiensystem zusammen. Eltern verlieren ihre Elternrolle und müssen nun für ihr neues Leben ohne Kinder einen neuen Inhalt finden, mit dem sie sich beide identifizieren können. Sie bleiben als Subsystem zurück, was entweder zu einem Bedeutungsgewinn ihrer Beziehung oder zum Abstand bzw. zur Trennung führt.

Besonders schwierig ist es für Paare, bei denen die Kinder als Bindeglied für die Beziehung dienten. Fällt dieses weg, scheint sich auch die Paarbindung aufzulösen. Oft sind es Ehepaare, die sich schon vor längerer Zeit selbst verloren haben, die aber aus Bequemlichkeit oder der Kinder wegen zusammengeblieben sind.

Manchmal ist die Liebe sogar noch da, aber sie ist seit Jahren vernachlässigt worden und dadurch in den Hintergrund gerückt. Für diese Paare ist die Umstellung auf das neue Leben nach dem Auszug der erwachsenen Kinder besonders schwer. Immer häufiger kommt es in dieser Phase zu Trennung oder Scheidung.

Der Ruhestand

Das Ende des Berufslebens ist ein Umbruch, der zu einer Lebenskrise und in der Folge auch zu einer späten Trennung führen kann. Oft kommen erst in dieser Zeit, in der man die Früchte des Lebens ernten und den Lebensabend genießen möchte, die Fehler und Versäumnisse zum Vorschein, die man in der Beziehung gemacht hat.

Zunächst ist festzustellen, dass Männer und Frauen mit dem Ende der Erwerbstätigkeit anders umgehen. Weil Männer außerhalb ihrer Berufswelt meistens nur sehr wenige Sozialkontakte haben, leiden sie eher unter einem Vakuum an sozialer Anerkennung und Kontakten als Frauen. Es fehlen die Kollegen und der gesellschaftliche Status: Der ehemalige Abteilungsleiter ist eben nicht mehr „der Abteilungsleiter".

Rentner kommen häufig mit ihrem neuen Lebensrhythmus nicht zurecht und werden nörgelig und unzufrieden. Diese Unzufriedenheit wird fast immer an der Ehefrau ausgelassen. Sie leiden unter Langweile, insbesondere, wenn sie keine Hobbys oder Interessen haben.

Auch Persönlichkeitsveränderungen durch Medikamente oder Alkohol sind für reifere Paare ein häufiger Trennungsgrund.

Annette, 65:

> *Mein Mann hat seit seiner Pensionierung ein großes Problem mit Alkohol, das ihn in seiner Persönlichkeit verändert und zunehmend für unsere Ehe zum Beziehungskiller wird. Im Gegensatz zu früher, als er abends sein Bierchen getrunken hat, greift er heute bereits tagsüber zu harten Sachen. Ich verliere vor ihm die Achtung, wenn er glasige Augen hat, nach Schnaps stinkt, seine Zunge lahm wird und er nur noch lallt. Aber was noch viel schlimmer zu ertragen ist: Mein Mann wird durch Alkohol nicht nur desorientiert, sondern streitsüchtig, aggressiv und brutal. Er hält sich nicht an Versprechen, lügt, wird verletzend und ausfallend. Ich habe manchmal richtig Angst vor ihm. Er sagt Dinge, die ihm am nächsten Tag unendlich leid tun, und sieht dann auch ein, wie der Alkohol nicht nur ihn, sondern auch unsere Beziehung gefährdet. Ich habe meinem Mann gesagt, dass ich so nicht leben kann und dass ich mich von ihm trennen werde, wenn er keine Therapie macht.*

Im Gegensatz zu ihren häufig bequemen, inaktiven Männern beschließen Frauen oft erst im Ruhestand, längst verloren geglaubte Träume zu verfolgen. Sie schreiben sich z. B. für ein Studium ein, um ein persönliches Ziel zu verfolgen, das sie 20 oder 30 Jahre zuvor zugunsten der Kindererziehung aufgegeben hatten. Durch dieses völlig neue Umfeld kann es durchaus passieren, dass sich eine solche Frau auf einmal für Themen interessiert, die ihrem Partner völlig fremd sind. Tut er diese veränderten Interessen nun als „Spinnerei" ab und nimmt die Veränderung seiner Partnerin nicht ernst, können unüberbrückbare Differenzen zu einer späten Trennung führen.

Viele Männer, die ihren Lebenssinn in ihrer Erwerbsarbeit gesehen haben, versuchen, den nach ihrer Berentung empfundenen *Bedeutungsverlust* durch Eingriffe in Kompetenzbereiche ihrer Frauen zu kompensieren. Sie mischen sich in Dinge ein, die Frauen vorher allein entschieden haben. Oft beginnen sie, das Haus auf den Kopf zu stellen und den Haushalt umzuorganisieren. Sie versuchen, ihren Frauen vorzuschreiben, wie die Küche am praktischsten zu sein hat, wie Wäsche mit System aufgehängt wird und wie die Vorratshaltung zu erfolgen hat. Der Haushalt, der Jahrzehnte ohne die Einmischung des Mannes funktioniert hat, wird plötzlich umstrukturiert.

In dem Fernsehfilm *„Mutter kommt in Fahrt"*[10] aus dem Jahr 2002 wird genau diese Problematik thematisiert: Eva Maria lernt ihren Mann Herbert als unbekanntes Wesen kennen. Der pensionierte Ehemann macht sich im Haushalt zu schaffen. Er räumt die Küche auf und führt seine Prinzipien ein, mit dem Ergebnis, dass niemand mehr etwas findet und die Gemütlichkeit auf der Strecke bleibt. Auf dem Kühlschrank hängt eine Tabelle, in der jeder einzutragen hat, was er wann und in welcher Menge entnommen hat. Das Protokoll muss von jedem Familienmitglied abgezeichnet werden. Herbert verhält sich so wie früher im Betrieb, in dem er Einkäufer war. Er ordert alle möglichen Schnäppchen und richtet ein Lager mit Toilettenpapier und unzähligen Kartons Roter Beete ein. Der 20-jährige Sohn hält sich natürlich nicht an die Marotten des Vaters – ein Konflikt ist vorprogrammiert.

Dieser amüsante Film zeigt, dass der Eintritt in den Ruhestand für viele Paare eine der kritischsten Phasen ist, denn oft folgt auf die Freude darüber, Dinge tun zu können, die man lange aufgeschoben hat, bald die Langeweile. Der Tag muss jetzt selbst strukturiert und die eigene Rolle neu definiert werden. Dieses Thema hat Loriot bereits 1991 satirisch in seinem legendären Film *„Pappa ante portas"*[11] behandelt.

Krankheit

Eine Krankheit, sei diese nun körperlich wie Krebs oder seelisch wie eine Depression, ist eine schwere Belastung für den Betroffenen, aber auch für den gesunden Partner.

Neben den mit einer schweren Krankheit verbundenen Leiden des kranken Partners schränken den gesunden Partner die Krankenhaus- oder Reha-Aufenthalte ein. Das bisherige Leben mit Kontakt zu Freunden, aber auch Hobbys und Freizeitaktivitäten wie Sport oder Urlaube sind nicht mehr möglich. Wenn der Kranke so hilfebedürftig geworden ist, dass er dauerhaft intensive Pflege benötigt, schränkt das den Freiraum des gesunden Partners ein. Dieser ist ans Haus gebunden und muss selbst für die Zeit des Einkaufs, des Friseurbesuchs oder Behördengangs für die Betreuung des Erkrankten sorgen.

Zum anderen kann sich eine Krankheit auch auf die Persönlichkeit des Betroffenen auswirken, wie das im nachfolgenden Fall war.

Carola, 59:

> *Bis zu meiner Leukämie-Erkrankung führten mein Mann und ich eine glückliche Ehe. Auch während meiner anstrengenden Chemotherapie und Bestrahlung unterstütze er mich, wo er nur konnte. Nach den Therapien versuchte ich, in mein altes Leben zurückzukehren. Doch nach einem Jahr musste ich feststellen, dass ich mich geändert hatte. Ich war nicht mehr die, die ich vorher gewesen war. Ansichten über die Wichtigkeit oder den Wert bestimmter Dinge oder Menschen hatten sich vollkommen geändert. Außerdem war ich immer müde und erschöpft. Bei mir war das Fatigue-Syndrom diagnostiziert worden, eine häufige Begleiterscheinung oder Nachwirkung einer Krebserkrankung. Es äußert sich in schwerer körperlicher und geistiger Erschöpfung, von der ich mich auch durch Schlaf nicht erholen konnte. Für meinen Mann war das*

nicht nachvollziehbar. Er glaubte, wenn die Haare wieder da sind, dann ist alles wieder in Ordnung. Das war es aber leider nicht. Am Ende hat meine Veränderung meinen Mann überfordert und unsere Beziehung so belastet, dass wir uns trennten. “

Weil eine schwere Erkrankung wegen der damit i.d.R. verbundenen Persönlichkeitsveränderung dazu führen kann, dass der gesunde Partner sich überfordert fühlt, kann die Beziehung am Ende an dieser außergewöhnlichen Belastung zerbrechen.

Nicht selten ist eine überstandene schwere Erkrankung der Auslöser dafür, die Paarbeziehung zu überdenken. Viele denken: *„Das kann doch nicht alles gewesen sein!“*, und gehen.

Margot Käßmann, ehemalige Landesbischöfin von Hannover, hat sich ein Jahr nach ihrer Brustkrebsoperation von ihrem Mann scheiden lassen. Die Krankheit habe ihre Entscheidung zur Trennung nach 26 Ehejahren beschleunigt und ihr Bedürfnis nach Klarheit und Wahrhaftigkeit verstärkt. In einem Interview äußerte sie sich so: *„Wenn man vielleicht nur noch eine begrenzte Zeit zu leben hat, fasst man eher den Mut, im eigenen Leben aufzuräumen. Dazu gehört das Eingeständnis, dass meine Ehe gescheitert ist. Ohne die Krebserkrankung hätte ich wahrscheinlich nicht den Mut gehabt, mich zu trennen.“*

Das Alter

Die Umbruchphase Alter ist die Zeit, in der man an vielen Hinweisen, wie z.B. körperlichen und geistigen Einschränkungen, erkennt, dass man alt geworden ist. Die Auswirkungen betreffen den einzelnen Partner wie auch die Paarbeziehung.

Während dieser Phase zeigt sich, dass man als Paar selbst bei Gleichaltrigkeit aufgrund anderer genetischer Voraussetzungen unterschiedlich altert. Besonders bei Paaren mit großem Altersunterschied muss damit gerechnet werden, dass der ältere Partner früher in seinen geistigen und körperlichen Fähigkeiten nachlässt und der vitalere sich dann zurücknehmen muss, was oft zu Unzufriedenheit führt.

Das Älterwerden und die damit einhergehenden Veränderungen stellen Beziehungen vor viele Herausforderungen. Hat einer der Partner ein größeres Bedürfnis nach sozialer Interaktion und Freizeitaktivitäten als der andere, entstehen schnell Spannungen, die zu Beziehungsproblemen führen können. Auch der unterschiedliche Tagesablauf und der Schlafrhythmus wie auch hormonelle und psychische Veränderungen wirken sich belastend aus. Altersbedingte Krankheiten, chronischer Schmerz, Nebenwirkungen von Medikamenten und psychische Probleme beeinträchtigen viele Senioren. Einer der Partner „lässt sich gehen", der andere leidet darunter. Ungleichheiten bei der Verteilung täglicher Aufgaben oder das Gefühl, bevormundet oder ausgenutzt zu werden, stören die Harmonie. Mangelnde Gesprächsthemen sowie fehlende gemeinsame Hobbys und Interessen begünstigen ein Nebeneinanderherleben. Muss ein Partner immer mehr Verantwortung übernehmen, belastet ihn das körperlich und seelisch.

Angesichts des Bewusstseins der voraussichtlich noch verbleibenden Lebenszeit verändern sich oft die Einstellungen der Partner. Auch die immer weiter steigende Lebenserwartung weckt bei vielen Senioren das Bedürfnis, noch einmal durchzustarten, etwas nachzuholen. Mancher Mann und manche Frau spüren während dieser Phase das Bedürfnis, etwas zu erleben, was mit dem Partner nicht (mehr) möglich ist. Es stellt sich dann die Frage, ob der eingeschränkte Partner dem vitaleren gestattet, ohne ihn noch unerfüllte Lebensträume zu verwirklichen, oder ob er von ihm Verzicht erwartet.

Das Alter zwingt auch dazu, Bilanz zu ziehen. Dabei geht es um die ehrliche Analyse, ob man in seiner Beziehung überwiegend zufrieden ist. Mit dem Ergebnis steht man vor der Alternative, zu bleiben und weiterzumachen oder zu gehen und sich für die letzte Lebensphase ein neues Leben aufzubauen.

Der Entschluss, sich zu trennen, fällt bei den meisten älteren Frauen nach einer langen Zeit der Unsicherheit und Unzufriedenheit. Immer mehr setzt sich die Überzeugung durch: *„Wenn nicht jetzt, wann dann?"* Dem Wunsch nach einem selbstbestimmten Leben steht aber oft auch die Sorge gegenüber, nicht allein und unabhängig leben zu können. Erst die schmerzhafte Einsicht, dass allein die Trennung vom langjährigen Partner ein eigenes, selbstbestimmtes Leben ermöglicht, dass nun die letzte Chance für positive Veränderungen ist, macht Frauen Mut zu gehen.

Ignorierte Beziehungskrisen

Der Trennung eines Paares geht immer eine Beziehungskrise voraus.

Streit in einer Beziehung ist normal und bis zu einem gewissen Maße auch gesund. Wichtig ist allerdings, eine sensibilisierte Wahrnehmung zu entwickeln, um bereits erste Anzeichen für eine Beziehungskrise zu erkennen und gegensteuern zu können.

Beziehungskrisen werden häufig erst spät erkannt. Die Partner spüren jedoch schon länger, dass sich etwas zwischen ihnen *nicht mehr ganz richtig anfühlt*. Sie versuchen, dieses unbestimmte Gefühl zu ignorieren, und leben weiter wie bisher. Dabei kann es passieren, dass sie sich immer weiter *voneinander entfernen*.

Eifersucht als Beispiel für eine ignorierte Beziehungskrise:

Eifersucht ist ein grundmenschliches Gefühl. Die Ursache, die ihr zugrunde liegt, ist vor allem das Bedürfnis nach Anerkennung, Vertrauen und Bindung. Ist sie jedoch unbegründet und/oder nimmt sie ein übersteigertes Maß an, kann schnell ein regelrechter Eifersuchtswahn entstehen, der am Ende jede Form von Beziehung zerstört.

Luisa, 61:

> *Mein Mann war schon immer etwas eifersüchtig. Ich habe das eigentliche Problem, das seiner Eifersucht zugrunde liegt, aber unterschätzt und es deshalb auch nie thematisiert. Im Gegenteil, ich fand seine Eifersucht witzig und bin dementsprechend damit umgegangen. Seitdem er aber – im Gegensatz zu mir – nicht mehr berufstätig ist, macht er mir Szenen, wenn ich mal später nach Hause komme, weil ich nach der Arbeit noch eine Freundin getroffen habe. Mein Mann ist eifersüchtig auf alle Kontakte, die ich habe. In letzter Zeit hat er damit begonnen, mich auf Schritt und Tritt zu kontrollieren. Inzwischen nervt mich das und ich habe beschlossen, es nicht länger zu ertragen und ein eigenes Leben zu beginnen.*

Luisa hat das Verhalten ihres Mannes lange Zeit hingenommen. Erst als sie sich durch die Kontrolle und Überwachung in ihrem persönlichen Freiraum bedroht sieht, zieht sie Konsequenzen. Es handelt sich hier um eine latent vorhandene, aber lange ignorierte Beziehungskrise, aus der Luisa sich durch Trennung zu lösen versucht.

Auch ignorierte *unausgeglichene Machtverhältnisse* in der Partnerschaft können zu einer Beziehungskrise führen.

In einer gesunden Partnerschaft werden Entscheidungen, die beide Partner betreffen, gemeinsam und einvernehmlich getroffen. In diesem Fall bestehen ausgeglichene Machtverhältnisse. Dominiert dagegen ein Partner den anderen durch seine Entscheidungen, kann man von unausgeglichenen Machtverhältnissen in der Paarbeziehung sprechen.

Unausgeglichene Machtverhältnisse als Beispiel für eine ignorierte Beziehungskrise:

Angelika, 49:

> *Als ich meinen Mann kennenlernte, war ich 20 und er 28. Während ich unerfahren und zum ersten Mal schwer verliebt war, hatte er bereits Erfahrung. Deshalb ließ ich es zu, dass er fast immer bestimmte, was wie gemacht wurde. Mir war nicht bewusst, dass ich auf diese Weise mit dazu beitrug, dass sich in unserer Beziehung eine Hierarchie ausbilden konnte. Im Laufe unserer Ehe wurde ich aber immer unzufriedener. Lange habe ich die Ursache meiner Unzufriedenheit ignoriert. Im Rahmen einer Therapie fielen mir die Schuppen von den Augen. Mir wurde bewusst, dass ich die Bestimmerposition meines Mannes nicht mehr akzeptieren wollte. Von dem Zeitpunkt an wurde es schwierig in unserer Beziehung. Da mein Mann nicht bereit war, mir entgegenzukommen, kam es am Ende zur Trennung.*

In gesunden Beziehungen teilen Partner das Bedürfnis nach Macht und Gleichgewicht. Deshalb sind Paare, die eine besonders gleichberechtigte Beziehung führen, auch glücklicher als diejenigen, bei denen einer dominant ist, denn damit schadet er den Bedürfnissen des anderen und schädigt mittel- und langfristig die Beziehung.

Studien konnten zeigen, dass dominante Männer zwar zunächst eine gewisse Faszination ausstrahlen, was ihnen die Aura der Durchsetzungsfähigkeit verleiht. Das kann für eine kurze Affäre vorteilhaft sein, aber die Chancen dieser Männer auf eine lange, befriedigende Beziehung nehmen mit dieser Eigenschaft ab, weil dominante Partner als belastend empfunden werden. Die dominierten Partner fühlen sich weniger selbstständig und sind infolgedessen auch unzufriedener mit der Beziehung an sich.[12] Machtstreben und Dominanz können sich zur Gewalttätigkeit steigern, mit dem Ziel, Kontrolle über den Partner zu gewinnen und zu behalten.

Auch die *Gewalttätigkeit* eines Partners wird lange Zeit verharmlost und in der Hoffnung hingenommen, er werde sich bessern.

Gewalttätigkeit als Beispiel für eine ignorierte Beziehungskrise:

Die ersten Anzeichen einer Beziehungskrise zeigen sich durch Aggression in der Sprache. Wer diese zulässt und keine Grenzen setzt, sollte sich nicht wundern, wenn die Eskalation zunimmt und es nach der verbalen Gewalt zu körperlichen Übergriffen kommt.

Viele Frauen, die von ihrem Partner misshandelt werden, kommen trotzdem nicht von ihm los. Sie verteidigen ihn, sie kehren zu ihm zurück, immer wieder.

Neben den sichtbaren, körperlichen Formen der Gewalt gibt es die emotionale oder seelische Gewalt.

Seelische Gewalt als Beispiel für eine ignorierte Beziehungskrise:

Annette, 56:

> *Ich habe nach meiner Scheidung einen etwa gleichaltrigen Mann kennengelernt. Er war klug, unterhaltsam, gutaussehend, erfolgreich und gut situiert. Er überschüttete mich mit Komplimenten und Zärtlichkeiten. Die Chemie stimmte. Nachdem wir zusammengezogen waren, veränderte sich mein charmanter Lebensgefährte. Wenn wir als Paar eingeladen waren, flirtete er häufig in meinem Beisein mit anderen Frauen. Wenn ich ihn später darauf ansprach, warf er mir vor, eine paranoide Klette und grundlos eifersüchtig zu sein. Verunsichert hielt ich mich nun mit Kritik zurück, fühlte mich aber immer deprimierter. Johannes zeigte sich ganz offen desinteressiert, manchmal schwieg er nach einer kleinen Meinungsverschie-*

denheit tagelang, manchmal nannte er mich nervig oder unfähig. Mir kamen zwar grundsätzliche Zweifel, die ich aber mit niemandem besprach. Ich erkannte nicht, dass ich manipuliert wurde und dass mir ständig das Gefühl vermittelt wurde, nicht richtig zu sein und alles falsch zu machen. Ich bemerkte zwar den Kipppunkt, an dem die alltäglichen Bosheiten massiver wurden, Distanz und destruktive Streitigkeiten zunahmen, war aber unfähig, mich dagegen zu wehren. Vielleicht wollte ich auch nicht wahrhaben, dass auch diese Beziehung gescheitert war. Fünfzehn Jahre habe ich das ausgehalten und mich dann mithilfe therapeutischer Unterstützung aus dieser destruktiven, toxischen Beziehung befreit. “

Annette hat lange die sich abzeichnende Beziehungskrise ignoriert. Am Ende war nur noch die Trennung möglich, um sich zu befreien.

Ungelebtes eigenes Leben

„Als ‚ungelebtes Leben‘ lässt sich das wahrgenommene Missverhältnis zwischen grundlegenden Lebenswünschen und dem tatsächlich realisierten Leben bezeichnen, das meist mit Gefühlen des Bedauerns, der Reue oder Bitterkeit verbunden ist. Die einmal in den Blick getretenen, aber unrealisiert gebliebenen Möglichkeiten werden im Rückblick als schmerzliche Versagungen, Verzichte oder Versäumnisse empfunden.“[13]

Die Erkenntnis, einen Teil seines Lebens bezüglich der eigenen Lebenswünsche vergeudet zu haben, ist Ergebnis einer Bewusstseinsveränderung, die oft bei Paaren in reiferen Jahren einsetzt. Man blickt auf das bisherige Leben zurück und erkennt dabei möglicherweise, dass die Beziehungsbilanz nicht ausgeglichen ist und es endlich an der Zeit ist, das zu ändern. Aus Rücksichtnahme hat einer der Partner auf zu viele Dinge verzichtet, die für seine persönliche Entwicklung wichtig gewesen wären, wie das folgende Beispiel zeigt.

Christina, 59:

> *Zwei Kinder haben mein Mann und ich, 21 und 23 Jahre alt. Beide sind schon länger aus dem Haus und studieren. Das war schwierig, denn plötzlich war ich im Alltag allein mit meinem Mann und erst da fiel mir auf, dass ich mich all die Jahre zu sehr angepasst und untergeordnet und auf zu viel verzichtet hatte. Immer hatte sich alles um das Wohlergehen meiner Familie gedreht. Mir wurde klar, dass die Bilanz nicht mehr stimmte, dass sich die Liebe verflüchtigt hatte und ich am Ende mit zu vielen Anteilen ungelebten Lebens zurückblieb. Mein Mann reagierte geschockt, als ich ihm erklärte, dass ich mich von ihm trennen möchte, um mein eigenes Leben zu leben.*

Wie Christina geht es vielen, die etwas in ihrem Leben verpasst oder versäumt haben und dies bedauern. Sie wünschen sich dann, Versäumtes nachzuholen. Eine Voraussetzung dafür wäre, zu erkennen, was in der Vergangenheit auf der Strecke geblieben ist.

Es fällt auf, dass sich besonders harmoniebedürftige und wenig selbstbewusste Frauen zu Beginn einer Paarbeziehung zu sehr unterordnen, insbesondere, wenn der Mann wesentlich älter, erfahrener und dominant ist. Im Laufe der Zeit führt das zur Überanpassung der Partnerin, die sich und ihre Bedürfnisse zurücknimmt, um Konflikte zu vermeiden (siehe „Das Erkennen vernachlässigter Bedürfnisse“, S. 113). Wenn sie älter, erfahrener und selbstbewusster wird, stellt sie fest, dass sie unzufrieden ist, weil sie vieles, was ihr wichtig war, nicht umsetzen konnte. Es ist nun Zeit, Bilanz zu ziehen und sich die Fragen zu stellen: Was waren meine Wünsche und Träume und was ist daraus geworden? Warum hatte ich nicht den Mut, für das, was mir wichtig war, zu kämpfen? Welche Entscheidung bereue ich? Welche Pläne möchte ich noch verwirklichen?

Oft muss sie erkennen, dass ihre Wünsche und Bedürfnisse sich von denen ihres Ehemannes zu sehr unterscheiden. Wenn sie ihrem Leben noch einmal eine neue Richtung geben möchte, ist jetzt der Zeitpunkt, sich zu trennen und das nachzuholen, was sie vermisst hat.

Spätes Coming-out

Manche Frauen und Männer leben lange Zeit in einer heterosexuellen Beziehung und vielleicht sogar in einer Ehe und erkennen erst im reiferen Alter, dass sie eigentlich schwul, lesbisch oder bisexuell sind. *Coming-out* nennt man das (öffentliche) Bekenntnis zur eigenen sexuellen Orientierung.

Ein Coming-out hat mehrere Phasen und vollzieht sich meist in vielen kleinen Schritten. Viele spüren bereits während ihrer Jugend das unspezifische Gefühl, dass irgendetwas nicht stimmt oder anders ist, als es „sein sollte". Diese Ahnung wird aber oft verdrängt, weil man es nicht wahrhaben will. Viele gehen sogar heterosexuelle Beziehungen ein, heiraten und bekommen Kinder und leben so mit einer Lebenslüge. Selbstzweifel und Schuldgefühle belasten, der innere Druck wächst.

Den Frauen schwuler Männer und den Männern lesbischer Frauen bleibt diese Entwicklung in der Regel verborgen. Vielleicht wenden sich ihnen ihre homosexuellen Partner sogar intensiver zu, um zu versuchen, sich selbst „vom Gegenteil zu überzeugen" oder dem zu entsprechen, was von ihnen erwartet wird.

Wenn der Prozess weiter durchlaufen wird, folgt das Selbst-Eingeständnis, dass sie schwul oder lesbisch sind. Im nächsten Schritt offenbaren sich diejenigen, die sich entscheiden, ihre Homosexualität nicht zu verstecken, ihrem Umfeld.

Wenn das Coming-out aus einer längerfristigen heterosexuellen Lebenssituation heraus geschieht, spricht man von einem *späten* Coming-out. Ein spätes Coming-out nach einer langjährigen Ehe mit Kindern ist besonders schwierig, denn zu der üblichen Angst, die Liebe oder Anerkennung zu verlieren und womöglich Anfeindungen ausgesetzt zu sein, kommt die Angst vor den familiären Konsequenzen:

- Werde ich meine Beziehung beenden müssen?
- Wie wird das mit den Kindern? Werde ich sie verlieren? Wie werden sie damit umgehen?
- Was wird aus meinem Leben?

Jedes Coming-out markiert einen Wendepunkt in der eigenen Biografie, der mehr oder weniger als Bruch erlebt wird. Bislang Selbstverständliches muss nun infrage gestellt werden – das eigene Selbstverständnis ebenso wie übernommene Wertvorstellungen und bisherige Lebensentwürfe. Ein solcher Neuentwurf des Lebens wird umso grundlegender ausfallen, je länger man in einer heterosexuellen Beziehung gelebt hat.

Frauen und Männer, die erst spät feststellen, dass sie homosexuell sind, brauchen oft länger, bis sie sich dazu entschließen, sich zu offenbaren und gegebenenfalls ihre Beziehung zu beenden, denn das Bekenntnis zur eigenen Homosexualität gegenüber der Ursprungsfamilie und dem sozialen Umfeld ist nicht selten mit Auseinandersetzungen und Konflikten verbunden.

Wenn ein Partner von der homosexuellen Beziehung des anderen erfährt, beginnt für ihn in der Regel ein schwieriger und langwieriger Prozess der Bewältigung. Dabei sind verschiedene Phasen zu durchlaufen:

- Die erste Reaktion ist oft Leugnung. Zu Zweifel und Orientierungslosigkeit gesellt sich häufig aber auch die Erleichterung, endlich zu verstehen, warum z. B. mit der Ehe etwas nicht stimmte.
- Betroffene müssen sich mit der Wahrheit konfrontieren und anerkennen, dass der Partner oder die Partnerin schwul, lesbisch oder bisexuell ist. Sie müssen erkennen, dass ihr Leben sich grundlegend verändert hat und nie wieder so sein wird wie vorher – auch wenn die Beziehung (Ehe) aufrechterhalten werden sollte.

- Die eigenen Annahmen und Vorstellungen über die Partnerschaft und die gemeinsame Zukunft müssen losgelassen werden.
- Die eigene Identität und Integrität, der angeschlagene Selbstwert und das häufig angekratzte Wertesystem müssen die Zeit erhalten, zu heilen.
- Die „Endphase“ des Coming-out sieht die Umsetzung eines neuen Lebensentwurfs vor, in dem das Schwul- oder Lesbischsein einen angemessenen Platz hat.

Dass ein spätes Outing zum Befreiungsschlag werden kann, habe ich selbst in meinem Bekanntenkreis erlebt:

Ingo führte mit seiner Frau eine Bilderbuchehe. Sie lebten glücklich mit ihren drei Kindern zusammen. Nach der Silberhochzeit gestand Ingo seiner Familie, dass er schwul sei.

Irgendwann habe er gespürt, dass ihm in seiner Ehe etwas fehle. Als er schließlich einen Mann kennenlernte und sich in ihn verliebte, verließ er Hals über Kopf seine Familie und sagte ihr, dass er einen Mann liebe. Damals war er Anfang 50. Während seine Frau viel Verständnis für ihn hatte, brachen seine Kinder den Kontakt zu ihm ab, obwohl sie alle schon erwachsen waren. Mit seiner Frau traf er das Arrangement, sich friedlich zu trennen.

Das Outing bei seinen Kollegen und Freunden war deutlich besser verlaufen. Es gab teilweise sogar Anerkennung für seinen Mut, ein neues Leben anzufangen. Er selbst empfand es als Befreiung, zu seinen Gefühlen stehen zu dürfen.

Heute lebt Ingo mit seinem Mann zusammen, der ebenfalls verheiratet war und seine Frau und seinen Sohn nach einem schwierigen Coming-out mit vielen Tränen verlassen hatte.

Schwierig kann es auch werden, wenn eine Frau, die bereits Enkelkinder hat, sich in eine andere Frau verliebt.

Hier ein Beispiel aus meinem Umfeld:

Hajo ist Leiter eines katholischen Bildungswerkes, seine Frau Pfarr-Referentin in der Kirchengemeinde. Die beiden sind schon über 30 Jahre verheiratet, haben vier Kinder und zwei Enkelkinder. Bisher haben sie ein harmonisches Familienleben geführt.

Eines Tages – so erzählte es Hajo – habe seine Frau ihm offenbart, dass sie sich in eine Frau verliebt habe, mit der sie zusammenleben wollte. Ihn habe diese Nachricht getroffen wie ein Blitz aus heiterem Himmel. Er habe den Verständnisvollen gespielt, in der Hoffnung, dass die neue Liebe seiner Frau nur ein Strohfeuer und eine vorübergehende Affäre und irgendwann Vergangenheit sein werde. Das aber sei ein Trugschluss gewesen.

Seine Frau sei zu ihrer neuen Liebe gezogen, habe danach aber darauf bestanden, die familiären Beziehungen fortzuführen und ihre neue Partnerin einzuschließen. Das sei für alle eine Zumutung gewesen. Die Kinder hätten Klartext geredet: Kontakt ja, aber ohne die Lebensgefährtin. Das habe seine Frau als Ausgrenzung ihrer Lebensgefährtin empfunden und aus diesem Grund den Kontakt abgebrochen.

Rollenkonflikt – vom Liebes- zum Pflegepartner

„Ich will dich lieben, achten und ehren alle Tage meines Lebens, in guten und in schlechten Zeiten, in Gesundheit und Krankheit. Bis dass der Tod uns scheidet." So lautet das kirchliche Ehegelöbnis. Doch ist dies immer so umzusetzen?

Dass man im Laufe eines langen gemeinsamen Lebens einmal krank sein kann und einander dann unterstützt und hilft, ist selbstverständlich. Wird aus dem Partner aber ein Pflegefall, wird die Paarbeziehung auf eine harte Probe gestellt, denn auch das Leben des pflegenden Partners verändert sich damit schlagartig.

Tatsächlich ist es eine Zäsur in der Paarbeziehung, wenn der Partner zunehmend hilfe- und schließlich pflegebedürftig wird. Dem gesunden Partner wächst zunehmend Verantwortung zu. Auf ihn kommen neue und unerwartete Belastungen zu. Gemeinsame Pläne, das eingespielte Zusammenleben, die bisher klar verteilten Rollen, das Liebesleben – alles verändert sich und stellt beide Ehepartner vor eine Belastungsprobe mit neuen Rollen: *Ein Ehepartner wird zum Pflegepartner.* Wer sich in einer solchen Situation befindet, muss sich fragen, wieweit er Pflegeaufgaben erfüllen will und kann, d. h. in welchem Maße er zum *Pflegepartner* werden soll.

Pflegebedürftigkeit, ob sie nun plötzlich oder schleichend eintritt, ist für die Betroffenen wie für ihre Partner nur schwer zu akzeptieren. Beide müssen sich an die veränderte Situation anpassen und sich mit ihr auseinandersetzen, denn für den pflegenden Partner ändert sich fast ebenso viel in der gemeinsamen Lebensführung wie für den Pflegebedürftigen.

Die Pflege des Partners hat gravierende Auswirkungen auf die Partnerschaft. Besonders wenn der bisher dominante Partner betroffen ist, kippt das bestehende Beziehungssystem. Es gibt Pflegepartner, die es – trotz guten Willens – nicht schaffen, die Belastungen durch häufiges Jammern und Klagen des Kranken und den Verlust von Geselligkeit und Freiräumen über Jahre zu ertragen.

Besonders langsam fortschreitende Erkrankungen, die mit Persönlichkeitsveränderungen einhergehen, sind für viele Partner schwer zu akzeptieren. Oft werden die Veränderungen zunächst verdrängt: Man lehnt professionelle Hilfe von außen ab und möchte sich selbst um seinen Partner kümmern. Doch diese Entscheidung ist nicht einfach und wirft viele Fragen auf: Wer schaut nach meinem Partner, wenn ich einmal Besorgungen machen muss? Zudem muss man sich nun Aufgaben zuwenden, die bis dahin der erkrankte Partner erfüllt hat: Wer hilft jetzt bei Reparaturen im Haus oder bei den Finanzen? Wer kümmert sich um das Auto?

Zu der neuen Rollenverteilung, die mit Unsicherheiten, Verzicht und Konflikten verbunden sein kann, kommen auf den pflegenden Partner neue und unerwartete Belastungen zu. Die Pflege ist körperlich hart und die Wesensveränderung des Partners, der zum Pflegefall wurde, ist psychisch manchmal kaum zu ertragen.

Birgit Ehrenberg beschreibt in ihrem Buch *„Was passiert, wenn der Partner zum Pflegefall wird“*[14] am Beispiel von sechs Einzelschicksalen die Auswirkungen der Pflegebedürftigkeit auf die partnerschaftliche Liebe. Was passiert mit den Gefühlen, wenn der Partner nicht mehr sprechen, nicht mehr allein zur Toilette gehen kann, komplett pflegebedürftig ist? Und was geschieht, wenn in Beziehungen, in denen sich die Partner stets auf Augenhöhe begegnet sind, plötzlich einer auf den anderen angewiesen ist? Ehrenberg folgt den Geschichten von Paaren, deren Liebe durch Pflegebedürftigkeit in den Grundfesten erschüttert wurde, und berichtet von den vielen individuellen zwischenmenschlichen Herausforderungen, die die Betroffenen meistern mussten, meistern konnten oder an denen sie scheiterten.

Wie eine Paarbeziehung sich durch die Pflegebedürftigkeit eines Partners verändert, ist auch abhängig von der Qualität der Beziehung. Hat man bisher eine harmonische Partnerschaft geführt, ist man eher bereit, Opfer zu bringen und das eigene Leben und eigene Bedürfnisse zugunsten des anderen zurückzustellen. Eine belastende Vorstellung ist es dagegen, im Alter einen ungeliebten Partner pflegen zu müssen.

Angesichts der zunehmenden Lebenserfahrung ist es aber durchaus legitim, sich dann, wenn die Ehe schon lange problematisch war und der Partner zum Pflegefall geworden ist, zu fragen, ob man sich für ihn aufopfern will. Niemand bereitet Angehörige darauf vor, was für eine emotionale Belastung es ist, jemanden über Jahre zu Hause zu pflegen. Es gibt Beratungsstellen für die Leistungen der Pflegeversicherung und Hilfen für die altengerechte Umrüstung der Wohnung. Wie man aber mit den Persönlichkeitsveränderungen und Aggressionen im Pflegealltag umgehen soll, sagt einem niemand.

Hierzu die folgenden Beispiele:

Helga, 75:

„*Vor vier Jahren kam die Demenz schleichend in mein Leben und machte mich plötzlich von der Ehefrau zur Pflegerin. Als mein Mann mich mit seiner Vergesslichkeit und dem ständigen Verlegen seiner Brille nervte, bestand ich darauf, mit ihm zu einem Neurologen zu gehen. Dort wurde nach vielen Tests die Diagnose Demenz gestellt und mein Mann wurde medikamentös eingestellt. Er war nicht nur vergesslich, sondern wurde zunehmend hilflos, konnte die einfachsten Dinge nicht mehr. Bei allem musste ich ihm helfen, zusätzlich noch das übernehmen, was er früher erledigt hatte, und ihn ständig beaufsichtigen, damit er keinen Blödsinn anstellt. Weil er gelegentlich noch mitbekommt, wie sehr er auf mich angewiesen ist, wird er aggressiv. Ich weiß nicht, wie lange ich das allein noch schaffe, ich spüre meine Belastungsgrenze und habe schon extrem viel abgenommen. Meine Kinder haben mir nahegelegt, für meinen Mann eine Einrichtung zu suchen, damit ich nicht zusammenbreche.*“

Paul, 77:

„*Ich habe mich vor anderthalb Jahren von meiner Ehefrau getrennt. Durch ihre Demenz veränderte sich ihre Persönlichkeit und sie entfernte sich immer weiter von mir. Irgendwann war ich damit überfordert, sie rund um die Uhr zu betreuen. Inzwischen lebt sie in einem Pflegeheim, wo ich sie oft besuche und auch für die Pflegekosten aufkomme. An Scheidung denke ich nicht, obwohl ich eine drei Jahre jüngere Liebe habe und bei ihr lebe.*“

In ihrem Buch *„Langsames Entschwinden. Vom Leben mit einem Demenzkranken“*[15] dokumentiert Inge Jens, wie ihr Mann Walter Jens, der wortgewaltige Gelehrte, sich durch eine fortschreitende Demenz im Verlauf eines Jahrzehntes veränderte, in eine Welt jenseits der Sprache und des rationalen Denkens entschwand und ihr dadurch der Partner genommen wurde.

Inge Jens weist in ihrem Buch aber auch darauf hin, dass die Veränderung ihres Mannes sie zugleich zur Veränderung ihres eigenen Lebens zwang und dazu, ein neues, ausgewogenes Verhältnis von Nähe und Distanz zu finden. Während des fortschreitenden Krankheitsverlaufes lernte Inge Jens, sich mit dem Unabänderlichen zu arrangieren und zu akzeptieren, dass ihr Mann in einem neuen Bezugssystem lebte, das weitab von seiner intellektuellen Vergangenheit lag. Und sie richtete sich nach und nach mit seiner „anwesenden Abwesenheit“ ein.

Die Demenz hatte ihren Mann total verändert. Er war im Grunde wieder Kind geworden. Aber: Anscheinend hatte er Freude am Leben. Inge Jens war nicht in der Lage, die anspruchsvolle Betreuung und Pflege ihres Mannes Tag und Nacht zu leisten. Statt in einem Pflegeheim verbrachte Walter Jens die letzten Jahre seines Lebens auf einem Bauernhof, 20 Kilometer vor Tübingen bei der Bäuerin Margit Hespeler. Seine Familie hatte dafür gesorgt, dass die schwäbische Bäuerin ihn bis zu seinem Tod betreute und pflegte.

3
Reflexion und Verarbeitung

Verlassen oder verlassen werden

Alles im Leben hat zwei Seiten. Das gilt auch für eine Trennung. Auf der einen Seite steht derjenige, der seinen Partner verlässt, auf der anderen der Verlassene.

Wird man nach vielen gemeinsamen Jahren von seinem Partner verlassen und erfolgt die Trennung ohne Absprache und Ankündigung, trifft sie einen wie ein Schlag. Es wird einem im wahrsten Sinne des Wortes der Boden unter den Füßen weggezogen. Darunter tut sich erst einmal ein großes, schwarzes Loch auf, in dem der gesamte Lebensentwurf mit einem Mal verschwindet.

Der Verlassene kann einfach nicht begreifen, wie es so weit kommen konnte, und er weiß nicht, wie es weitergehen soll. Im ersten Moment überwiegen Fassungslosigkeit, Panik, Perspektivlosigkeit und Zukunftsangst. Der Verlassene gerät nicht selten in eine Identitätskrise, weil es das, womit er sich identifiziert und wofür er gelebt hat, plötzlich nicht mehr gibt. Dazu kommen meist noch überwältigende Gefühle von Einsamkeit, Hilflosigkeit, Angst und Wut – und manchmal auch der unbedingte Wunsch, den Partner zurückzubekommen.

In ihrem Buch *„Vielen Dank für alles. Trennung – glücklich überlebt“*[16] erzählt Ulrike Stöhring, wie sie nach 30 Jahren vollkommen überraschend von ihrem Mann erfuhr, dass er sie wegen einer anderen Frau verlassen würde.

Die Mitteilung ihres Mannes, dass er sich in eine andere Frau verliebt hatte, empfand sie als „Super-GAU“. Einfach Schluss, nach dreißig Jahren, ohne Vorwarnung? Das durfte doch nicht wahr sein! Stöhring beschreibt ihren Schmerz, die Panik und den Wunsch, tot zu sein.

Stöhring war Anfang fünfzig, als sie von der Trennungsabsicht ihres Mannes überrascht wurde. Das führte sie in eine fundamentale Krise. Aber ihr sei auch schnell klar geworden, dass sie diese nicht einfach nur durchleiden wollte. Es ging ihr darum, sich nicht vor der eigenen Zukunft zu ängstigen, sondern zu verstehen, dass auf sich selbst zurückgeworfen zu sein nicht zwangsläufig bedeutet, allein zu sein.

Im Gegensatz zu Stöhrings Erfahrung erfolgen Trennungen im reiferen Alter meist nach endlosen, ergebnislosen Diskussionen der Partner. Derjenige, der seinen Partner verlässt, vollzieht die Trennung aufgrund einer bewusst getroffenen und überlegten Entscheidung.

Dass die Trennung für ihn genauso schlimm sein kann wie für den Verlassenen, wird bei der Beurteilung von Trennungen oft übersehen. Tatsächlich ist die Auflösung einer Paarbeziehung immer mit Schmerzen für beide verbunden.

Während die Verlassenen schon lange im Fokus sind, richtet die norwegische Psychologin Sissel Gran den Blick auf die vermeintlich „Bösen", auf diejenigen, die ihren Partner verlassen – und will sie rehabilitieren. In ihrem Buch *„Ich verlasse dich, weil ich leben will. Frei werden von Schuldgefühlen"*[17] beschreibt sie, dass das Scheitern einer Partnerschaft immer eine lange Vorgeschichte hat, die vom verlassenen Partner meist nicht wahrgenommen wurde. Das Buch handelt von dem langen Abschied, der meist von jahrelangen inneren Qualen begleitet ist und an dessen Ende die Entscheidung, zu gehen, immer stärkere Konturen annimmt. Sissel Grans Anliegen besteht darin, die Trennungsgeschichte aus der Perspektive derjenigen zu erzählen, die sich entschlossen haben, zu gehen, bzw. deutlich zu machen, warum sie das tun mussten. Denn ihrer Meinung nach haben auch sie das Recht, gehört zu werden.

In ihrem Buch erzählen Menschen, die einen Partner verlassen haben, warum sie gegangen sind. Ihren Äußerungen ist zu entnehmen, dass Paare sich nicht wegen Streitigkeiten trennen, sondern weil sie sich einsam, abgewiesen oder in der Paarbeziehung verlassen fühlen. Manche gingen auch, um „ihr sterbendes Ich zu retten".

Sissel Grans Erfahrung aus ihrer psychologischen Praxis sei, dass viele derjenigen, die sich tatsächlich trennen, bereits jahrelang um ihre gescheiterte Beziehung getrauert hätten. Die meisten hätten gelitten, bevor sie gegangen sind, weil emotionale Bedürfnisse nicht erfüllt worden seien und sie sich vergeblich um eine engere Verbindung mit ihrem Partner bemüht hätten. Viele hätten sich sehr einsam gefühlt, lange vor dem Entschluss, sich zu trennen. Viele hätten jahrelang starke Zweifel gehabt, ob sie gehen sollten oder nicht. Dazu kämen nach der Trennung eigene Schuldgefühle und auch solche, die vom Umfeld ausgelöst werden. Derjenige, der die Trennung eingeleitet hat, muss auch mit negativen sozialen Folgen rechnen, wenn er sich z. B. nach und nach gemieden sieht, weil Außenstehende seine Entscheidung einfach nicht nachvollziehen können.

Egal, ob Sie der verlassene Partner sind oder derjenige, der den anderen verlassen hat, es besteht die Notwendigkeit zur Reflexion. Sie ist Voraussetzung für die Verarbeitung des durch die Trennung erlittenen Verlustes.

Die Reflexion der vergangenen Partnerschaft ermöglicht es Ihnen, zu erkennen, welche unbewussten Verhaltensmuster oder Blockaden bei Ihnen wirksam waren. Möglicherweise erkennen Sie auch Defizite in der Kommunikation, die dazu geführt haben, dass Sie nicht angesprochen haben, was Ihnen wichtig war, oder dass Sie sich ausnutzen ließen, weil Sie unfähig waren, Grenzen zu setzen.

Während Grübeln zu keinen neuen Erkenntnissen verhilft, sondern nur in die Opferrolle führt, ermöglicht eine kritische Reflexion, Klarheit über eigene Anteile an der Situation zu bekommen. Das ermöglicht schließlich, das Geschehene in den Lebenskontext einzuordnen und emotionale Belastungen zu überwinden. Ziel der Reflexion ist es, für sich selbst zu einer Klarheit zu kommen, ohne die die Vergangenheit nicht abzuschließen ist.

Negative Gefühle zulassen

Liebeskummer als akute Trauerreaktion

Das Scheitern einer langjährigen Beziehung, mit der Liebesgefühle verbunden waren, ist fast immer mit emotionalen Verletzungen verbunden, wie bereits ausgeführt wurde (siehe „Verlassen oder verlassen werden“, S. 78).

Diese sind ein immenser Stress für die Psyche, der sich in deutlichen Symptomen zeigt, auch auf körperlicher Ebene. Nicht umsonst spricht man bei Liebeskummer fachlich korrekt von einer posttraumatischen Belastungsreaktion, die auch als Diagnose anerkannt ist. Um mithilfe von Reflexion Klarheit über eine langjährige Beziehung und ihr Ende zu erreichen, ist es sinnvoll, auch das Phänomen „Liebeskummer“ zu ergründen.

Was passiert bei Liebeskummer im Körper?

Die Anthropologin Helen Fisher und die Neurowissenschaftlerin Lucy Brown erklären Liebeskummer wissenschaftlich.[18] Sie beschäftigen sich seit Jahren mit dem Phänomen der romantischen Liebe und suchen Antworten auf die Fragen, wie ein Liebesgefühl entsteht und warum wir so leiden, wenn die Liebe zerbricht.

Bei Liebeskummer laufen im Körper, biochemisch betrachtet, dieselben Prozesse ab, die ein Heroinabhängiger bei „kaltem Entzug“ erlebt. Das Belohnungszentrum im Gehirn bekommt nicht mehr jene Impulse, die ein Glücksgefühl vermitteln. Betroffene leiden und haben körperliche und seelische Schmerzen.

Wie ist das zu erklären? Das Belohnungszentrum im Gehirn speichert die Information, wenn uns eine Person gefällt und wenn uns diese Begegnung glücklich macht. Das Hormon Dopamin wird ausgeschüttet und sorgt dafür, dass ein gutes Gefühl ausgelöst wird.

Verliebtsein und Geliebt-Werden kann „abhängig" und „gierig" machen. Wer dieses Gefühl verliert, erlebt einen tiefen Verlustschmerz, Liebeskummer, der sich nicht nur seelisch, sondern durchaus auch körperlich zeigen kann. Das ist darin begründet, dass im Gehirn Liebeskummer im gleichen Areal entsteht wie physischer Schmerz. Schlimmstenfalls kann sich daraus sogar das gefährliche *Broken-Heart-Syndrom* entwickeln, das auch tödlich sein kann. Extremer Kummer und Stress greifen das Herz an, die Symptomatik ähnelt der eines Herzinfarkts. Das Syndrom wird durch eine starke emotionale Belastung wie durch Trennung oder den Tod des geliebten Partners ausgelöst und kann zu lebensbedrohlichen Komplikationen führen.

Wie aber überwindet man Liebeskummer nach einer Trennung?

Psychologen empfehlen den „kalten Entzug": sich nicht mit der Person zu treffen, keine Bilder anzusehen, nicht in Erinnerungen zu schwelgen. Stattdessen sollten Liebeskranke vor allem für Ablenkung sorgen und soziale Kontakte pflegen, um Seele und Hormone wieder ins Gleichgewicht zu bringen. Zumindest für die Zeit der Trauerarbeit und des Loslöseprozesses sollte jede Begegnung mit der oder dem Ex vermieden werden, weil Gefühle getriggert werden und Sehnsucht ausgelöst wird.

Stellen Sie sich Menschen mit Liebeskummer als Süchtige vor. Wer von seiner Droge wegkommen will, muss sie vollständig meiden. Deshalb ist es hilfreich, alles, was Sie mit dem Menschen verbindet, entweder wegzugeben oder zumindest wegzupacken. Im Keller ist es gut aufgehoben. Man kann es, wenn man den Schmerz überwunden hat, jederzeit hervorholen.

Wichtig ist es darüber hinaus, sich nicht zu verkriechen und von anderen Menschen zurückzuziehen. Der Austausch mit Freunden, mit der Familie oder in *Trennungsselbsthilfegruppen* ist wesentlich.

In einer solchen Gruppe muss man sich nicht genieren, sondern erhält Empathie und auch so manchen hilfreichen Tipp. Vor allem aber ist man nicht allein.

Außerdem kann man von den Erfahrungen der anderen profitieren, die sich vielleicht schon in einer fortgeschritteneren Phase befinden.

Auch Meditation, in welcher Form auch immer, kann oft sehr schnell sehr viel ändern. Ebenso tragen alle Formen der körperlichen Bewegung wie Laufen, Wandern oder Schwimmen dazu bei, das Glückshormon Dopamin zu produzieren. Sie werden merken, dass Sie dadurch wieder motivierter werden und Ihr Leben nicht mehr so grau und düster erscheint.

Alles, was zur Stärkung des Selbstwertgefühls und der Selbstfürsorge beiträgt, hilft, die Orientierung vom *Wir* zum *Ich* zu wenden. Deswegen ist es gar nicht ratsam, sich sofort in eine neue Beziehung zu stürzen. Ist man noch verletzt und bedürftig, ist das keine gute Basis für eine neue Beziehung. Wichtig ist es, zu lernen, sich mit Wertschätzung und Selbstliebe zu begegnen, um bei sich selbst anzukommen.

Langfristige negative Gefühle zulassen

Neben den akuten negativen Gefühlen nach einer Trennung, wie z. B. Liebeskummer, gibt es langfristige negative Gefühle, die das Leben sehr belasten können. Das können beispielsweise sein: Perspektivlosigkeit, Zukunftsangst, Existenzangst, Einsamkeit, Selbstwertprobleme und Schuldgefühle. Wer unter diesen negativen Gefühlen leidet, fragt sich oft, wie er sich davon befreien könnte.

Viele Menschen versuchen, die unangenehmen Gefühle, die mit einer Trennung einhergehen, zu vermeiden. Sie versuchen, den Schmerz über den erlittenen Verlust mit Alkohol, Tabletten oder übermäßigem Essen zu betäuben. Sie sehen in dieser Kompensation die einzige Möglichkeit, den quälenden Gedanken wenigstens eine Zeit lang Einhalt zu gebieten. Das aber ist keine Lösung, sondern lediglich eine *Suchtverlagerung*.

Wichtig ist, sich bewusst zu machen, dass auch nach einer selbst gewählten Trennung Trauerarbeit zu leisten ist, denn der Kopf hat zwar die Entscheidung getroffen, aber das Gefühl hinkt hinterher! Deshalb ist es wichtig und richtig, die mit dem Verlust verbundenen Gefühle zuzulassen. In dieser Phase sollten Sie sehr behutsam mit Ihren verletzten Gefühlen umgehen.

Machen Sie sich bewusst, dass es für Ihre Seelenhygiene gut ist, gelegentlich negative Gefühle auszuhalten, sie zu analysieren, sich mit ihnen auseinanderzusetzen und sie als Signale eines Frühwarnsystems zu verstehen, damit sie Ihnen nicht gefährlich werden und schaden können.

Henriette, 69:

> *In meiner Familie wurden Angst, Wut, Traurigkeit, Ohnmacht oder Kummer als negative Gefühle abgelehnt. Das führte auch bei mir dazu, dass ich lernte, sie zu unterdrücken. Das habe ich auch nach meiner Trennung versucht und wurde krank. Das hat dazu geführt, dass der dadurch entstandene Psychostress sich ein Ventil suchte und ich an einer äußerst schmerzhaften Gürtelrose erkrankte.*
> *Ich habe aufgrund dieser Erfahrung gelernt, lieber alle Gefühle – auch die negativen – zuzulassen, als noch einmal eine so schwere Krankheit zu erleben!*

Irmela, 56:

> *Nach meiner Scheidung musste ich lernen, meine negativen Gefühle zu akzeptieren. Anfangs hatte ich große Probleme mit der Gefühlsverarbeitung. Wenn ich wütend war, habe ich dieses Gefühl unterdrückt und gegen mich selbst in Form von Selbstvorwürfen gerichtet, statt es dort zu ‚entladen', wo es entstanden ist. Dann entlud sich meine Wut an unpassender Stelle und führte zu Überreaktionen und Kieferverspannungen (Zähneknirschen). In einer Therapie lernte ich Übungen kennen, die mir halfen, mit Wut und anderen negativen Gefühlen adäquat umzugehen.*

Beide Beispiele zeigen, dass es wichtig ist, zu verstehen, dass alle Gefühle eine Daseinsberechtigung haben. *Angst* bewahrt uns davor, uns leichtfertig in Gefahr zu begeben. *Wut* ist ein Verstärker für unsere Entscheidungen und Aktionen. *Trauer* hilft uns, einen Verlust zu akzeptieren, uns danach neu dem Leben zu stellen und auch Glück, Freude und Anteilnahme wieder intensiv erleben zu können.

Deshalb kann es nicht darum gehen, langfristige negative Gefühle schönzureden, sie vermeiden oder den Verarbeitungsprozess beschleunigen zu wollen. Das führt meist zum Gegenteil! Geben Sie Ihren negativen Gefühlen Raum – so unangenehm, störend und belastend das auch sein mag.

Wenn Sie früher auch zu denen gehörten, die ihre negativen Gefühle hinunterschlucken und verdrängen, dann gestatten Sie sich jetzt, sie ernst zu nehmen. Wer negative Gefühle ständig unterdrückt, vergeudet jede Menge kostbarer Lebensenergie und schneidet sich darüber hinaus von positiven Gefühlen ab. Erst, wenn Sie in Kontakt mit Ihren negativen Gefühlen kommen, kann es Ihnen gelingen, wieder Zugang zu Ihren positiven Gefühlen zu finden.

Trennungsrituale

Paare feiern ihren Kennenlern-Jahrestag oder Hochzeitstag quasi als Ritual für ein wichtiges, positives Lebensereignis. Wenn es aber um ein schmerzhaftes Ereignis geht, wie eine Trennung vom Lebenspartner, wollen wir möglichst nicht an den Tag des endgültigen Auseinandergehens erinnert werden. Dabei könnte es hilfreich sein, wenigstens den Tag der endgültigen Trennung rituell, also nach gewissen Regeln, zu gestalten.

Ein *Trennungsritual* kann helfen, sich anständig und würdig zu trennen, indem es erlaubt, noch Unausgesprochenes in gelassener Weise und ohne Vorwürfe auszusprechen und Verantwortung zurückzugeben. Es ist ein Ausdruck dafür, dass Sie sich auf eine positive, dankbare und heilsame Art von Ihrem Partner lösen können. So schaffen sich beide Partner, jeder für sich, Raum für einen Neubeginn.

Das setzt allerdings die erfolgreiche Verarbeitung negativer Gefühle voraus. Das heißt, an die Stelle endloser Diskussionen und juristischer Auseinandersetzungen tritt die Vergebung; Wut und Gram sind überwunden. Das Ritual könnte dann mit der symbolischen Freigabe beider Partner für den weiteren Lebensweg abschließen.

Wie Trennungsrituale gestaltet werden, ist sehr verschieden. Gläubige Menschen laden z. B. zu einem *Trennungsgottesdienst* ein, der als Dankgottesdienst für die gemeinsam verbrachten Jahre gefeiert wird. Aber auch die Zurückgabe der Ringe oder das Verbrennen des Hochzeitskleides kann ein Ritual der Befreiung sein, um sich von einem wichtigen Lebensabschnitt zu verabschieden.

Manchen spirituell eingestellten Menschen ist es wichtig, das Ritual in der tief empfundenen Überzeugung abzuschließen, dass sich zwar die beiden Lebenswege an dieser Stelle trennen, dass die beiden Seelen aber trotzdem auf eine tiefergehende Weise immer miteinander verbunden sein werden und sich – je nach persönlichem Glauben – eines Tages, ob diesseits oder in einer anderen Welt, wieder in Liebe nahe sein werden.

4
Glücklich allein – Neuanfang nach später Trennung

Voraussetzungen für ein glückliches Leben allein

Eine der wichtigsten Voraussetzungen – unabhängig davon, ob man verlassen wurde oder die Trennung selbst herbeigeführt hat –, besteht darin, dass die Phase der Loslösung abgeschlossen ist.

Die Realität akzeptieren und sich an die neue Situation anpassen

Um das eigene Leben nach dem Scheitern einer langjährigen Beziehung der neuen Situation anpassen zu können, ist es zunächst notwendig, die Vergangenheit zu akzeptieren und loszulassen.

Das Loslassen gleicht einem inneren Abschied. Die Endgültigkeit des Loslassens ist es, die vielen Menschen Angst macht, denn man weiß nicht, was danach kommt. Man fürchtet den Verlust, die innere Leere.

In der Tat ist eine Trennung in reiferen Jahren deutlich belastender als in jüngeren Jahren und hat eine ganz andere Tragweite, denn es hängt ein ganzes Leben daran und es ist sehr viel schwerer, sich ein neues Leben aufzubauen. Man muss begreifen, dass die Vergangenheit vorüber und damit unveränderbar ist. Gestaltet werden können nur noch Gegenwart und Zukunft. Bevor das aber möglich ist, ist es wichtig, sich emotional aus der beendeten Beziehung zu lösen.

Wer nach langen Jahren der Zweisamkeit wieder allein ist, dem fällt die *Anpassung an das neue Leben* oft besonders schwer. Während diejenigen, die eine Trennung selbstbestimmt herbeigeführt haben, das Alleinleben oft sogar genießen können, haben es diejenigen, die unfreiwillig Single geworden sind, besonders schwer, sich mit ihrem neuen Leben zu arrangieren. Die Voraussetzung für die Anpassung an die neue Lebenssituation besteht darin, dass sie wirklich einen Neuanfang wollen und nicht mehr der beendeten Beziehung nachtrauern. Solange diese Voraussetzung noch nicht erfüllt ist, kann der Neuanfang nicht gelingen, wie folgendes Beispiel zeigt:

Astrid, 54:

> *Die gravierenden Veränderungen in meinem Leben ergaben sich dadurch, dass mein Mann mich nach überwiegend glücklichen 25 Jahren überraschend verließ. Obwohl die Trennung schon Monate hinter mir liegt, sitze ich in meiner Dreizimmerwohnung, in der noch viele nicht ausgepackte Kartons stehen, wie auf Abruf. Ich kann mich nicht mit der Situation abfinden, in die ich durch die Entscheidung meines Mannes katapultiert wurde, und habe keinen Plan für das neue Leben, das mir aufgezwungen wurde. Ich sehe bis tief in die Nacht fern und weiß oft nicht, was ich gesehen habe. Immer kreisen meine Gedanken nur um ihn und ich spreche mit ihm … Was habe ich nur falsch gemacht?*

Viele verlassene Frauen geraten in eine *Sinnkrise* und sehen sich und ihr bisheriges Leben *entwertet*. Fatal wirkt es sich aus, wenn zu dem Verlustschmerz noch Selbstabwertung mit der Vorstellung hinzukommt, allein zu sein, weil man es nicht wert sei.

Von einer Trennung überrascht zu werden, wie es Astrid erlebt hat, hinterlässt *Kontrollverlust* und starke Ängste bis hin zur Panik. Die Begleitumstände deprimieren oder machen wütend. Doch heftige Emotionen – so berechtigt sie auch sein mögen – verhindern, dass man sich sinnvoll verhalten kann.

Das hat folgenden Hintergrund: In unserem Gehirn gibt es ein Areal, das für rationale Überlegungen zuständig ist. Damit soll erreicht werden, dass wir bei drohender Gefahr spontan reagieren können, *flüchten oder kämpfen*. Diese Funktion, die das Überleben der Menschheit gesichert hat, ist auch heute noch aktiv. Doch dieses großartige Areal wird ausgeschaltet, sobald uns starke Gefühle überwältigen. Wir können dann keinen klaren Gedanken mehr fassen.

Oft verspüren wir einen massiven Widerstand dagegen, das Geschehene anzunehmen, weil es uns zu schmerzlich erscheint. Der emotionale Schmerz führt dazu, dass wir uns gegen die Realität sperren und die Akzeptanz verweigern. Dadurch aber wird die Anpassung an die neue Situation verhindert.

Eine Trennung zu *akzeptieren* setzt – wie beschrieben – voraus, dass man den mit ihr verbundenen Trennungs- und Verlustschmerz überwunden hat. Machen Sie sich bewusst, dass das Akzeptieren eines Verlustes vor allem eine geistige Haltung ist, die trainiert werden kann. Wer Unabänderliches akzeptiert, zeigt eine positive Geisteshaltung, die viel mit *mentaler Stärke* und Flexibilität zu tun hat und am Ende zu einem Leben in Freiheit führt. Akzeptanz ermöglicht es Ihnen, mit dem Strom des Lebens zu schwimmen, statt enorm viel Energie für einen Kampf aufzuwenden, der nicht zu gewinnen ist.

Die Akzeptanz der neuen Realität gibt Ihnen die Möglichkeit, darüber nachzudenken, wie Sie sich – trotz der unabänderlichen Situation – das neue Leben bestmöglich gestalten können. Weil Sie Ihre Energie nicht länger mit emotionalem Schmerz blockieren, steht sie Ihnen für Veränderungen zur Verfügung.

Um die Trennung und damit die neue Realität annehmen zu können, ist es oft hilfreich, eine Außenperspektive einzunehmen, z. B. im Rahmen einer Supervision.

Anita, 59:

” *Als mein Mann mich gegen eine 20 Jahre jüngere Frau ausgetauscht hat, wollte ich es einfach nicht wahrhaben. Der Vertrauensbruch, der Betrug und all die Lügen waren für mich schwer hinzunehmen. Anfänglich war dieser Prozess mit vielen Tränen und ganz viel Schmerz verbunden. ‚Du musst ihn einfach loslassen', rieten mir damals sämtliche Freundinnen. Über das Wie habe ich mir sehr, sehr lange und intensiv den Kopf zerbrochen. Erst viel später habe ich verstanden, dass Loslassen bedeutet, das, was ich nicht ändern kann, hinzunehmen. Irgendwann kam der Tag, an dem es leichter wurde und ich die neue Realität, dass meine Ehe vorbei war, annehmen konnte. Mit der Zeit ging es mir besser und ich begann, mein neues Leben zu organisieren.* “

Anita hat erst nach langen inneren Kämpfen das Ende ihrer Ehe akzeptiert, dann ging es langsam wieder aufwärts. Sie hat gelernt, mit Kummer und Verlustschmerz umzugehen und sich durch diese negativen Gefühle nicht mehr den Alltag bestimmen zu lassen. Anitas Leben geht weiter – allein. Ihre Partnerschaft betrachtet sie aus der emotionslosen Außensicht und erkennt, dass ihr das dabei hilft, das Scheitern ihrer Beziehung zu akzeptieren. Anitas eigene Bedürfnisse rücken wieder in den Vordergrund. Sie fühlt sich wohler und beginnt, Zukunftspläne zu schmieden.

Zum Alleinleben gehört aber auch, alle Entscheidungen selbst zu treffen und auch die Verantwortung dafür zu übernehmen. Das kann mit Gefühlen von Überforderung und Unsicherheit verbunden sein.

Marita, 58:

” *Nachdem mein Mann mich verlassen hatte, fand ich das Alleinsein schrecklich. Nun alles allein entscheiden und umsetzen zu müssen hat zumindest anfangs Überforderung und Unsicherheit in mir ausgelöst. Inzwischen bin ich gern mit mir allein, schätze es, alles allein entscheiden zu können und keine Kompromisse mehr machen zu müssen, und gehe dem nach, was mich erfüllt. Ich habe das Malen für mich entdeckt. Bereits morgens beim Frühstück überlege ich mir, was ich malen werde. Ich freue mich jeden Tag darauf. Ich brauche dann keine anderen Menschen um mich herum. Meine Kinder und Enkelkinder sehe ich regelmäßig. Aber das Malen brauche ich ganz für mich allein. Wenn ich male, bin ich völlig zufrieden, im Einklang mit mir selbst.* “

Marita hat eine Wandlung durchgemacht. Ihre anfängliche Überforderung und Unsicherheit, nun für alles allein verantwortlich zu sein, hat sie überwunden. Inzwischen schätzt sie es, keine Kompromisse mehr machen zu müssen und selbst zu bestimmen, womit sie sich beschäftigt.

Wenn Sie durch Trennung oder Scheidung zum „Single wider Willen“ geworden sind, beginnt mit dem Alleinleben ein *neuer Lebensabschnitt* mit neuem Rhythmus und neuen Inhalten.

Je nachdem, wie das Leben „vorher“ aussah, genießen viele nach einer Trennung zunächst ihre grenzenlose Freiheit. Wer sich in seiner Beziehung eingeengt fühlte, spürt Nachholbedarf und genießt die positiven Seiten des Alleinlebens: Keine falsche Rücksichtnahme mehr! Niemand nörgelt über Unordnung, niemand kritisiert unnötige Einkäufe, es gibt keine Auseinandersetzungen mehr über Familie und Freunde.

Die Anpassungsphase an das Alleinleben ist zunächst Neuland und anstrengend, lässt aber auch die Chancen erkennen, die das Alleinleben bietet. Sie lernen, dass Sie für die Steuererklärung oder für das Rasenmähen nicht unbedingt einen Mann an Ihrer Seite brauchen. Viele Frauen – auch die, die vieles ihren Männern überlassen hatten – merken plötzlich, wie frei, stark, unabhängig und lebensfähig sie auch ohne Mann sind.

Erleichternd für die Anpassung an das neue Leben ist es, sich die Vorteile der jetzigen Lebenssituation bewusst zu machen: Sie brauchen keine Kompromisse mehr einzugehen und können alles, wovon Sie immer geträumt haben, selbstbestimmt umsetzen. Sie müssen keine Rücksicht mehr nehmen – weder auf einen Partner noch auf Ihre großen Kinder – und können sich frei entfalten. Jetzt haben Sie die Gelegenheit, sich das Leben schön zu machen – nach Ihrer Fasson.

Heute sehen die Menschen damit den Beginn eines neuen Lebensabschnittes, den sie ganz bewusst gestalten wollen, inklusive neuer Lebensentwürfe. Viele Frauen orientieren sich nach einer späten Trennung komplett um. Manche wagen einen Neuanfang in einer anderen Stadt oder Region, andere leben nach der Trennung in einer Frauen-WG mit ihrer Schwester oder besten Freundin.

Mit einem Neuanfang kann auch ein neues Hobby verbunden sein. Jetzt, mit 50, 60 oder 70, haben Sie endlich Gelegenheit zu tun, was Sie schon immer machen wollten, sei es ein Tanzkurs, eine Studienreise in ein Land, in dem Sie noch nie zuvor waren, oder vielleicht sogar ein Literaturstudium, alles ganz ohne Lerndruck, dafür mit einer Extraportion Spaß. Jetzt können Sie sich endlich wieder entfalten, und das erfüllt das neue Leben nach einer späten Trennung mit Sinn und Inhalt.

Eine weitere Voraussetzung für ein glückliches Leben allein besteht darin, seinen eigenen Wert, sein „Ich", sein Innerstes wiederzufinden, um zu erkennen, was wirklich wichtig ist. Es ist die Sicht nach innen (siehe unten „Sich selbst finden" und „Selbstwertschätzung, Selbstfürsorge und Selbstliebe", S. 98).

Sich selbst finden

Viele stellen nach einer Trennung fest, dass während einer langen Partnerschaft und Ehe über den in dieser Lebensform erforderlichen Anpassungsprozess ein Teil der eigenen Identität verloren gegangen ist. Der Weg zu einem glücklichen Alleinleben setzt deshalb voraus, seinen eigenen Wert, sein Ich, sein Innerstes wiederzufinden.

Die Zeit nach einer Trennung sollte dazu genutzt werden, darüber nachzudenken, worauf Sie verzichtet haben und was für Sie wichtig ist. Es ist die wichtige Zeit der Besinnung auf sich selbst.

Gudrun, 58:

> *Nach der Trauer um meine gescheiterte Ehe bin ich richtig durchgestartet. Ich suchte mir eine neue Wohnung und richtete sie mir nach meinem Geschmack gemütlich ein. Einen Mann an meiner Seite vermisse ich nicht. Bei meinen zahlreichen Aktivitäten hätte ich auch gar keine Zeit, einen Gedanken in diese Richtung zu verschwenden. Mein Leben ist durch meine zahlreichen Kontakte und Aktivitäten reich und bunt geworden. Ich spüre wieder mich selbst.*

Gudrun hat ihre Situation und ihr neues Leben akzeptiert, lebt das aus, was ihr entspricht, und gewinnt aus ihren neuen Aktivitäten und Kontakten Lebensfreude. Sie erlebt sich ohne Partner keineswegs defizitär, sondern arrangiert sich mit der neuen Lebensform und erfindet sich als Single neu.

Die Phase der Selbstfindung ist besonders nach einer späten Trennung von großer Bedeutung, denn es geht dabei um das Bemühen, nach einer langen Partnerschaft und den damit zusammenhängenden Anpassungsprozessen in Einklang mit sich selbst zu kommen, die „innere Stimme" wieder zu hören und zu lernen, sich selbst und die eigenen Bedürfnisse wahrzunehmen.

Zu sich selbst finden können Sie, wenn Sie

- eine klare Vision von Ihrem Leben und Vertrauen in sich selbst haben,
- ein Leben gestalten, das zu Ihren Bedürfnissen passt,
- sich Ihres eigenen Wertes bewusst werden, Ihr Selbstwertgefühl aufbauen und sich selbst lieben,
- ein glückliches Leben im Einklang mit sich selbst führen.

Zu sich selbst zu finden ist die Grundlage für ein glückliches Leben. Hilfreich für den Prozess der Selbstfindung ist das Buch *„Verabredung mit mir selbst. Von der Kraft, die im Alleinsein liegt"* von Patricia Tudor-Sandahl.[19] In diesem

Buch geht es um eine Einladung zu einem neuen Umgang mit sich selbst, um Alleinsein, Einsamkeit, Andacht, Stille, Ruhe, Rückzug, Zeit, Reflexion, Selbstfindung und Entwicklung. Für die einen ist der Rückzug in sich selbst „Einsamkeit", für positiv denkende Menschen eine „Verabredung mit sich selbst". Das Buch ermutigt dazu, das Alleinsein als Chance zu sehen, als Möglichkeit, Zeit mit sich zu verbringen, um sich selbst besser kennenzulernen und sich seines eigenen Wertes bewusst zu werden.

Die neue Lebensphase nach einer späten Trennung zwingt dazu, seinen eigenen Wert zu finden. Hierzu gehört der Mut, sich so zu akzeptieren, wie man ist. Die Besinnung auf sich selbst ist aber nicht nur eine Voraussetzung, um wieder eine gesunde Selbstbeziehung und einen Sinn im neuen Leben zu finden, sie ist auch die Basis für die Beziehung zu anderen Menschen.

Nach einer langen Beziehung, in der man sich vielleicht zu sehr zurückgenommen hat, kann die Selbstbeziehung gelitten haben. Dann geht es darum, sie wiederherzustellen, um sich selbst wiederzufinden.

Was aber bedeutet es, zu sich selbst zu finden? Selbstfindung ist eine Reise, die nie abgeschlossen ist. Selbstfindung bedeutet, sich selbst kennenzulernen und so anzunehmen, wie man ist, sich mit sich selbst zu beschäftigen, seine eigenen Wünsche zu erkennen und zu wissen, wohin man sein Leben lenken möchte.

Was ist zu tun, um (wieder) eine gesunde Selbstbeziehung aufzubauen?

- Sensibilisieren Sie sich, um Ihre innere Stimme wieder wahrzunehmen. Tun Sie das, was Ihnen entspricht und was Sie glücklich und zufrieden macht, und treffen Sie eigene Entscheidungen.
- Lernen Sie Neues. Das wird nicht nur Ihre Gehirnkapazität und Ihr Glücksempfinden verbessern, sondern auch Ihr Selbstvertrauen stärken.
- Sorgen Sie gut für sich selbst, um sich geistig und körperlich in Bestform zu fühlen. Lernen Sie, empathisch mit sich selbst umzugehen, so, wie Sie es mit einem Freund tun würden.

Wie aber ist es möglich, diese innere Stimme wieder wahrzunehmen?

- *Innehalten und sich Zeit für sich nehmen:* Wenn Sie das Gefühl haben, sich selbst verloren zu haben, liegt es wahrscheinlich daran, dass Sie permanent beschäftigt, mit den Gedanken bei der Arbeit oder bei anderen Menschen waren. Um das zu ändern, ist der erste Schritt, dass Sie sich regelmäßig Zeit für sich selbst nehmen. Machen Sie Ihr Wohlergehen zur Priorität.
- *Nutzen Sie Entspannungsübungen:* Wenn Sie die Ablenkung von außen reduzieren und zur Ruhe kommen, können Sie leichter wieder bewusst in sich hineinspüren. Atem- und Entspannungsübungen, Waldbaden und Yoga unterstützen Sie dabei.
- *Setzen Sie sich mit Ihren Gefühlen und Gedanken auseinander.* So üben Sie, wieder Ihre innere Stimme wahrzunehmen – ein großer Schritt, um sich selbst zu finden.

Selbstwertschätzung, Selbstfürsorge und Selbstliebe

Wenn Sie die Trennung verarbeitet und es geschafft haben, sich von den Fesseln Ihrer Vergangenheit zu lösen und emotional neu zu starten, werden Sie unabhängig von dem, was hinter Ihnen liegt. Sie werden ein völlig neues Lebensgefühl entwickeln, das von Freiheit und Leichtigkeit geprägt ist, und dabei viele neue Möglichkeiten und Menschen entdecken, die Ihr Leben bereichern werden.

Nach einer Trennung ist man nur noch für sich selbst verantwortlich. Als Voraussetzung für ein glückliches Leben allein ist es, sich Selbstwertschätzung, Selbstfürsorge und Selbstliebe entgegenzubringen und sich selbst empathisch wahrzunehmen und zu verstehen.

Es ist verständlich, dass Verlassene sich nach langen Jahren gemeinsamen Lebens „entsorgt“ fühlen. Eine solche Erfahrung, die als Ungerechtigkeit empfunden wird, beschädigt nicht nur Selbstbild und Selbstbewusstsein, sie verunsichert auch und hinterlässt eine schmerzhafte Lebenswunde. Lebenswunden bleiben niemandem erspart, schmerzen aber am meisten, wenn sie von Menschen verursacht werden, die uns besonders nahestanden oder -stehen.

Abgelehnt und verlassen zu werden ist eine massive Kränkung mit einem Angriff auf unser Selbst. Wir werden im Kern getroffen, an unserem „wunden Punkt". Das ist kaum zu ertragen und kann doch auch eine wertvolle Erfahrung sein. In jeder Kränkung liegt auch *Selbsterkenntnis*. Wenn wir verstehen, was uns kränkt, verstehen wir, was uns wirklich wichtig ist. Zu erkennen, wer wir wirklich sind, ist oft ein langer, teils schmerzhafter Prozess, der aber unvermeidbar ist. In der Auseinandersetzung mit uns selbst wächst die Selbsterkenntnis und die Klarheit über uns selbst.

Wer verlassen worden ist, fühlt sich nicht wertgeschätzt und zurückgewiesen.

Voraussetzung für die Stabilisierung des eigenen Selbstwertgefühls als Voraussetzung für ein glückliches Leben allein sind daher Selbstwertschätzung, Selbstfürsorge und Selbstliebe.

Selbstwertschätzung kennzeichnet die Art und Weise, wie man mit sich selbst umgeht. Sich selbst wertzuschätzen ist die Voraussetzung für eine belastbare Selbstbeziehung.

Selbstwertschätzung wirkt Wunder, so beschreibt es der österreichische Psychiater und Psychotherapeut Reinhard Haller in seinem Buch *„Das Wunder der Wertschätzung"*.[20] Seiner Erfahrung nach aktiviert eine wertschätzende Grundhaltung sich selbst gegenüber unser Belohnungszentrum im Gehirn, hemmt Ängste, entfaltet Kreativität, stärkt unsere Beziehungen und führt zu mehr Lebensfreude.

Neben der Selbstwertschätzung ist *Selbstfürsorge* nach einer Trennung wichtig für ein glückliches Leben allein.

Eine Trennung von einem langjährigen Partner ist immer eine Krise und eine große seelische Belastung. Besonders in krisenhaften Zeiten ist es wichtig, fürsorglich mit sich selbst umzugehen, so wie man z. B. mit einem guten Freund umgehen würde, dem es schlecht geht. Selbstfürsorge hat nichts mit Egoismus zu tun. Dreh- und Angelpunkt der Selbstfürsorge ist das Erkennen der eigenen Bedürfnisse.

Es geht zunächst um ein Gefühl der Achtsamkeit sich selbst gegenüber. Hierzu können folgende Fragen hilfreich sein:

- Wie geht es mir?
- Was tut mir gut?
- Was wird mir zu viel?
- Wie kann ich besser für mich sorgen?
- Wie gelingt es mir, meine Grenzen besser zu wahren und mich im Blick zu behalten?

Im ersten Schritt lernen Sie, Ihre eigenen Bedürfnisse bewusster wahrzunehmen und Kraft aus Ihren persönlichen Ressourcen zu schöpfen. Im zweiten Schritt reduzieren Sie Ihre „Energieräuber" und räumen allem, was Ihnen wohltut, die richtige Priorität ein. Der dritte Schritt beim Erlernen der Selbstfürsorge besteht darin, sich einen persönlichen Selbstfürsorge-Plan zu entwerfen, damit Selbstfürsorge zum täglichen Programm wird und Sie gegen Manipulationen und das Einreden eines schlechten Gewissens resistent macht.

Oberste Priorität auf dem Selbstfürsorge-Plan hat die Befriedigung grundlegender körperlicher Bedürfnisse wie essen, trinken, ruhen und sich bewegen. Das klingt vielleicht banal, da Sie sich aber in einer anstrengenden Umbruchsituation und insofern unter Anpassungsstress befinden, stellt sich auch Ihr Körper auf Ausnahmezustand um und ist in konstanter Alarmbereitschaft. Sie schütten Stresshormone aus, Ihr Herz-Kreislauf-System sowie alle Organe arbeiten im Stressmodus.

Für die Anpassung an Ihr neues Leben ist jetzt eine bewusste Zuwendung zu körperlichen Bedürfnissen wichtig. Essen Sie regelmäßig und ausgewogen und trinken Sie keinen Alkohol als Betäubungshilfe! Schlafen Sie, gönnen Sie sich körperliche Ruhepausen! Am Rande der physischen Erschöpfung haben Sie keine Kraft zur Krisenbewältigung. Wenn Sie schwer zur Ruhe kommen, versuchen Sie Hausmittel wie ein warmes Bad vor dem Schlafengehen, beruhigende Kräutertees, sanfte Musik. Bewegen Sie sich möglichst viel und möglichst in der Natur. Es muss kein Dauerlauf sein, ein ausgedehnter Spaziergang ist ausreichend, um angestautes Adrenalin abzubauen, einen klaren Kopf zu bekommen und durchzuatmen. Und ja, auch das ist wichtig: Atmen Sie bewusst und in den Bauch. Noch besser in Form einer Entspannungs- und Meditationsübung.

Allem, was Sie jetzt in Ihrem Ausnahmezustand stabilisiert, sollte bewusst Raum und Aufmerksamkeit gegeben werden, damit Ihr Körper die Kraft hat, Sie stabil durch die Krise zu tragen. Insofern ist Selbstfürsorge gleichzeitig Selbstverantwortung.

Neben der Selbstfürsorge ist *Selbstliebe* eine weitere Voraussetzung für ein glückliches Leben allein. Leider muss ich in Beratungen und Seminaren immer wieder feststellen, dass die meisten Menschen nach einer Trennung wenig liebevoll mit sich selbst umgehen. Viel haben sie gelernt und vorzuweisen, nur die Kunst, sich selbst wertzuschätzen und zu lieben, war weder in Schule noch Studium oder Berufsausbildung auf ihrem Lehrplan.

Besonders diejenigen, die von einer späten Trennung betroffen sind, sind häufig mit Sätzen ihrer Eltern aufgewachsen wie:

- *„Nimm dich nicht so wichtig."*
- *„Sei nicht so empfindlich."*
- *„Nur wenn du viel leistest, bist du etwas wert."*

Diese „Bannbotschaften" sind keine guten Startbedingungen, um sich selbst zu lieben.

Was aber ist oder bedeutet Selbst- oder Eigenliebe?

- Großzügig und nachsichtig mit sich selbst umzugehen und sich selbst Unvollkommenheit zu verzeihen,
- gut für sich selbst und sein Wohlergehen zu sorgen, auf eigene Bedürfnisse und Grenzen zu achten und abzuwenden, was schädlich ist,
- Nein zu sagen, wenn sich etwas nicht gut anfühlt,
- Körper und Geist zu pflegen und sich selbst treu zu bleiben.

Selbstliebe hat nichts mit Egoismus zu tun, sondern ist der *Grundstein einer gesunden Selbstbeziehung* und eines erfüllten Lebens. Wenn ich mich liebe, bringe ich mir Achtung und Respekt entgegen, nehme meine Bedürfnisse ernst, höre auf die Sprache meines Körpers und verdränge weder Gefühle noch Probleme. Ich setze vernünftige Grenzen, quäle mich nicht unnötig mit grüblerischen Gedanken und muss andere nicht zwanghaft kontrollieren, um mein Selbstbewusstsein aufzupolieren. Ich lasse selbstschädigende Gewohnheiten los und entwickle die Einstellung: *„Ich bin es mir wert!“*

Selbstliebe ist der *effektivste Selbstschutz*, der besonders nach den Verletzungen nötig ist, die durch eine Trennung entstanden sind. Wichtig ist es dann, die Einstellung zu entwickeln: *„Ich liebe mich und mein Leben und bin dafür verantwortlich, beides zu schützen.“* Wer über eine gesunde Form der Selbstliebe verfügt, ist in der Lage, Selbstschutz zu praktizieren.

Selbstliebe ist aktive, selbstbewusste Beziehungsgestaltung und ein Schlüssel, um Klarheit zu finden, öfter innezuhalten, eine kurze Pause einzulegen und sich zu fragen:

- Wie fühlt sich mein Körper an?
- Wie geht es mir mit dem, was ich gerade tue, oder mit dem Menschen, mit dem ich gerade zusammen bin?
- Was brauche ich jetzt?
- Was kann ich tun, um zu bekommen, was ich brauche?

Es sind die kleinen Schritte, die am Ende eine große Wirkung erzielen. Verlieben Sie sich in den wundervollsten Menschen der Welt – in sich selbst!

Hier eine Anleitung aus einem sehr inspirierenden Gedicht von Charlie Chaplin:

„Als ich begann mich selbst zu lieben, befreite ich mich von allem, was nicht gut für meine Gesundheit ist, von Speisen, Menschen, Dingen, Situationen und von allem, das mich hinunterzog und weg von mir selbst. Anfangs nannte ich diese Haltung gesunden Egoismus. Heute weiß ich, es ist Selbstliebe."[21]

Freundschaftliche Kontakte und Netzwerke

Neben einer gesunden Selbstbeziehung sind Netzwerke mit und Kontakte zu anderen Menschen wichtig, um das Alleinleben lebenswert zu gestalten. Psychologische Studien belegen: Speziell für die emotionale und psychische Gesundheit sind Freunde wichtig.[22] Darum tut es so gut, in einem starken Freundschaftsnetz verankert zu sein.

Freunde können wir uns im Gegensatz zu Eltern und Geschwistern aussuchen. Es sind Menschen, die uns verstehen und uns so akzeptieren, wie wir sind. Hiermit sind jedoch nicht die sozialen Netzwerke wie Twitter, Facebook oder Instagram mit Hunderten „Freunden" gemeint. Im realen Leben kann man sich glücklich schätzen, drei gute Freunde zu haben, die man im Notfall auch nachts anrufen könnte.

Wahre Freundschaften sind innige und persönliche Herzensbeziehungen, die von Begegnungen und Nähe leben. Das ist auch darin begründet, dass Freundschaften weniger konfliktanfällig sind, weil einfach mehr Distanz vorhanden ist als in einer Familie oder Partnerschaft.

Solche wahren Freundschaften müssen allerdings lange aufgebaut und kontinuierlich gepflegt werden. Das braucht Zeit und kann sich über viele Jahre hinziehen. Diese Freundschaften können dann sogar intensiver und verlässlicher als manche Liebesbeziehung sein. Sie begleiten uns durchs Leben lassen uns Krisen überstehen.

Frauen haben in der Regel eine „beste Freundin", die immer ein offenes Ohr hat, sie vor manchen unüberlegten Entscheidungen bewahrt und ihnen ehrlich ihre Meinung sagt. Beste Freundinnen sind Begleiterinnen durch gute und schlechte Zeiten und sorgen nicht nur in Krisenzeiten dafür, dass man sich verstanden, unterstützt, getröstet und geborgen fühlt. Was eine „beste Freundschaft" trägt, ist ein hohes Maß an Sympathie und Offenheit. Das ist sozusagen die Kernkompetenz. „Beste Freundschaften" leben davon, dass man Interesse am anderen hat und viele Fragen stellt.

Frauenfreundschaften unterscheiden sich fundamental von Männerfreundschaften. Im Gegensatz zu Männern sind Frauen stärker vernetzt und können somit im Fall einer Trennung auf das Netzwerk ihrer Frauenfreundschaften zurückgreifen. Während Männer sich verabreden, um etwas miteinander zu machen (z. B. Sport), tun sich Frauen zusammen, um miteinander zu reden oder gemeinsam etwas zu unternehmen.

Die Unterschiedlichkeit zeigt sich auch in der Mitteilsamkeit. Freundinnen teilen einander nicht nur Informationen mit, sondern auch ihre Gefühle, und bekommen im Gegenzug Empathie. Sie lassen einander auch auf große Entfernung an ihrem Leben teilhaben, z. B. in stundenlangen Telefongesprächen. Für Frauenfreundschaften sind Emotionalität, Empathie, Wärme, Herzlichkeit, Wohlwollen, Zuneigung, gegenseitiges Verstehen, Intimität und Tiefe wichtig.

Claudia, 61:

Mein Mann war immer eifersüchtig auf meine Freundinnen, die ich schon länger kenne als ihn. Ich habe aber – auch gegen den Widerstand meines Mannes – meine Freundschaften gepflegt, und das war gut so. Nachdem unsere langjährige Ehe gescheitert war und wir uns getrennt hatten, fand ich in meinen Freundinnen verlässliche Seelentrösterinnen. Ich konnte ihnen vor, während und nach der Trennung mein Leid klagen. Ich war froh, sie in dieser Krise an meiner Seite zu haben. Ich erinnere mich in diesem Zusammenhang an einen Spruch meiner Oma: ‚Liebe vergeht, Freundschaft besteht.' Ich bin sehr dankbar für die Solidarität und seelische Unterstützung, die ich erfahren durfte. “

Wie das Beispiel zeigt, bieten besonders Frauenfreundschaften ein riesiges Potenzial: Sie helfen uns bei der persönlichen Entwicklung, sind eine Stütze in jeder Situation und machen das Leben einfach schöner.

Aber auch beste Freunde können sich voneinander entfremden und irgendwann auseinandergehen, wenn sich Lebenssituationen verändern.

Laut Statistik pflegt jeder von uns im Durchschnitt 12 *„Durchschnittsfreundschaften“*.[23] Das sind Freundschaften mit Menschen, die man zum Geburtstag einlädt, mit denen man Spaß haben und feiern kann, denen man aber nichts sehr Persönliches anvertraut. Darüber hinaus gibt es noch zufällige Bekannte, die man über andere kennengelernt hat, und Nachbarn und Kollegen, mit denen man ein gutes Einvernehmen anstrebt, bei denen man aber auf der Ebene von Höflichkeit miteinander umgeht.

Um sich als Alleinlebender nicht einsam zu fühlen, ist es wichtig, auf ein *verlässliches Freundschaftsnetz* zurückgreifen zu können, zu dem sowohl „beste Freunde“ als auch Durchschnittsfreundschaften gehören.

Da selbst ein bester Freund nicht für alles zur Verfügung stehen kann, braucht man als Alleinlebender zusätzlich breit gestreute, *verlässliche Alltagskontakte* zu Menschen,

- die spontan helfen, wenn z. B. der Keller vom Starkregen geflutet ist,
- die im Krankheitsfall zur Apotheke gehen, um Medikamente zu besorgen, oder den Hund „Gassi führen“,
- die sich während des Urlaubs um die Wohnung, das Haus oder den Garten kümmern.

Da jeder Mensch unterschiedlich altert, ist im reiferen Alter auch damit zu rechnen, dass einige Freunde „schwächeln“ und sie deshalb für gemeinsame Unternehmungen ausfallen. Diejenigen, mit denen Sie abends ins Kino, ins Theater oder ins Konzert gegangen sind, stehen Ihnen nicht mehr zur Verfügung, weil sie unsicher geworden sind und Angst haben, im Dunklen unterwegs zu sein. Die Menschen, mit denen Sie sich früher zu spontanen Fahrradtouren verabredet haben, fallen aus, weil sie Rücken-, Hüft- oder Knieprobleme haben, und jene, mit denen Sie einen regen intellektuellen Austausch pflegten, lassen nach und interessieren sich für nichts mehr.

„Wen der Himmel liebt, dem schickt er einen Freund“ (oder eine Freundin), das besagt zumindest ein chinesisches Sprichwort. Unsere Lebenserfahrung zeigt, dass man sich Freunde suchen muss, bevor man sie braucht. Und jeder findet Freunde, wenn er selbst dazu bereit ist, einer zu sein.

Interessant ist, dass die Forschung herausfand, dass Freundschaften für die Lebenserwartung wichtiger sind als die Familie. *Gute Freunde helfen, das Leben zu verlängern.*[24] Freunde machen glücklich, machen gesund, wirken wie ein natürliches Schmerzmittel – das sind einige Ergebnisse wissenschaftlicher Studien der letzten Jahre. Es gilt als gesicherte Erkenntnis, dass enge Freundschaften und Vertrauensverhältnisse die Lebenserwartung deutlich verbessern: Menschen, die über ein starkes Netzwerk von Freunden und Vertrauten verfügen, leben länger als diejenigen ohne oder mit nur wenigen Freundschaften.[25]

Aufbau einer eigenen Existenz

Mit dem Beziehungsende scheint erst einmal eine Welt zusammenzubrechen. Fast ohnmächtig blickt man Ungewissheiten entgegen. Einen *Neuanfang* zu finden ist nicht leicht. Verlust- bzw. Trennungsschmerz und Ängste bestimmen den Tag. Wie soll es in Zukunft weitergehen?

Verlassen zu werden bringt nicht nur emotionale Probleme mit sich, auch den Alltag allein bewältigen zu müssen scheint unheimlich schwer, denn mit dem Beziehungsende geht einem nicht nur der Partner verloren, sondern auch andere Dinge:

- gemeinsame Zukunftspläne,
- Haus oder Wohnung,
- gemeinsame Freunde,
- Alltagsgewohnheiten.

Den Verlustschmerz überwinden Sie am besten, indem Sie einen Neuanfang wagen.

Wenn Beziehungen scheitern, ist das immer eine Katastrophe und umso gravierender, je länger das gemeinsame Leben gedauert hat. Ganz besonders nachteilig ist es für Frauen Ende 50, die die „Kündigung" des Ehemannes trifft und die ihrer Familie zuliebe ihren Beruf aufgegeben haben. Im Trennungsfall sind sie dann finanziell abhängig. Das zwingt sie zu einem wirtschaftlichen Neuanfang, wenn sie nicht zum Sozialfall werden und Sozialhilfe in Anspruch nehmen wollen.

Wer bisher Hausfrau war, vom Partner alimentiert wurde und noch zu jung ist, um Rentenanteile des Partners zu beziehen, muss sich nach einer späten Trennung um die Finanzierung des eigenen Lebensunterhaltes kümmern. Das gilt besonders für diejenigen, die mit ihrem Partner nicht verheiratet waren und infolgedessen bei einer Trennung weder einen Zugewinnausgleich noch Rentenanteile des Partners bekommen. Es gilt dann, sich zu überlegen, wie sie ihre eigene Existenz sichern können.

Bei einer späten Trennung befindet man sich meist im reiferen Alter und die Chancen, auf dem Arbeitsmarkt eine auskömmliche Erwerbsarbeit zu finden oder sich selbstständig zu machen, sind nicht sehr hoch. Für Letzteres braucht man Kapital, das man ab einem gewissen Alter und ohne Sicherheiten bei keiner Bank bekommt. Viele in dieser Situation suchen sich Nischen, um ihren

Lebensunterhalt zu sichern: Haushaltshilfe, Kinderbetreuung („Leihoma"), Begleitservice für Senioren, Gesellschafterin, Apotheken-Fahrdienst.

Grit, 62:

"*Mein Mann war in der Forschung eines Pharmakonzerns beschäftigt und hatte ein so gutes Einkommen, dass ich zu Hause blieb und mich um unsere drei Kinder kümmerte. Nachdem er mich vor einem Jahr verlassen hat, muss ich für mich selbst sorgen. Nach der Scheidung erhalte ich zwar den Zugewinnausgleich für die gemeinsamen Ehejahre, der aber schnell aufgezehrt wäre, wenn ich davon leben würde. Auf die Rentenanteile meines Mannes kann ich bis zum Eintritt des Rentenalters nicht warten und leben könnte ich davon auch nicht. Deshalb habe ich mich für die Betreuung der hochaltrigen Mutter eines Klinikleiters beworben. Ich erhalte für meine Betreuungstätigkeit nicht nur ein monatliches Gehalt, sondern bekomme darüber hinaus auch eine kleine Wohnung in der Nähe finanziert, um stets verfügbar zu sein.*"

Für besonders Mutige kann ein Neuanfang auch im Aufbau einer eigenen Existenz im Ausland bestehen, wie das folgende Beispiel zeigt:

Monika, 61:

"*Es ist aus, mein Mann hat mich ohne Vorwarnung nach über 30 Jahren verlassen. Auf einen Schlag war die Liebe meines Lebens und unser gemeinsames Zuhause weg. Meine Gedanken und Gefühle überschlugen sich. Ich empfand Wut, Schmerz, Trauer bis hin zur Leere, einfach alles auf einmal, und konnte es nicht sortieren. Bildlich gesprochen fühlte ich mich allein mitten im offenen stürmischen Ozean, unfähig zu ertrinken, aber genauso unfähig zu schwimmen. Irgendwann wandelte ich mich und meine*

Lebensgeister meldeten sich zurück. Mit dem während der Ehe erwirtschafteten, ausgezahlten Zugewinnausgleich und der Unterstützung meiner besten Freundin begann ich, wieder etwas zu unternehmen und Pläne für mein Leben als Single zu machen. Sie hat mir Mut gemacht und Zuversicht gegeben, mir ein neues Leben und eine eigene Existenz aufzubauen. “

Monikas bisherige heile Welt zerbricht. Sie verliert ihren Mann, ihr Zuhause, ihre Sicherheit und ihr Selbstwertgefühl. Nichts ist mehr so, wie es immer war, ihr Leben steht Kopf und es dauert lange, bis sie den Schock, den Verlustschmerz und das verlorene Vertrauen überwindet. Mit Unterstützung ihrer besten Freundin nimmt sie wieder am Leben teil. Ihre Freundin hat sie auch darin bestärkt, noch einmal durchzustarten. Monika hat ihr altes Leben zurückgelassen und sich auf Mallorca, jenseits der Touristentrecks, mit einer kleinen Pension eine neue Existenz aufgebaut. Heute sagt sie: *„Das war die beste Entscheidung meines Lebens.“* Zwar habe sie sich etwas blauäugig in das Projekt „Pension auf Mallorca“ gestürzt und es sei am Anfang alles nicht leicht gewesen, da sie die Sprache nicht gut beherrschte und sich mit den Behörden nicht auskannte. Im Nachhinein sei ihr Neustart im Ausland ein Abenteuer gewesen, auf das sie sich wahrscheinlich nie eingelassen hätte, wenn sie gewusst hätte, was auf sie zukommen würde. *„Aber es ist manchmal ganz gut, wenn man ins Wasser geschubst wird“*, sagt sie. *„Es geht darum, einen Platz zu finden, von dem man sagen kann: Da bin ich authentisch.“* Heute fühlt sie sich frei, vor allem frei von Ängsten.

Die Chancen des Alleinlebens erkennen

Wie schon mehrfach beschrieben, empfinden Menschen nach einer späten Trennung großen Schmerz, insbesondere, wenn die Beendigung der Partnerschaft nicht einvernehmlich war. Sie leiden und können – zumindest in der ersten Zeit – kaum etwas Positives an dem mehr oder weniger aufgezwungenen Zustand des Alleinseins erkennen. Wer sein Glück stets in seiner Paarbeziehung sah, kann sich das Alleinleben nicht vorstellen und assoziiert damit Unglücklichsein. Aber nicht jeder Alleinlebende ist unglücklich oder einsam.

Tatsächlich sind mit dem Alleinleben – auch für den Verlassenen – Chancen verbunden:

- die Selbstbestimmung,
- die gewonnene Zeit,
- das Erkennen vernachlässigter Bedürfnisse,
- die neue Freiheit,
- das unabhängige Entscheiden- und Handeln-Können.

Die Selbstbestimmung

Die meisten Menschen, die allein leben, tun dies nicht aus freiem Willen. Nach einer Langzeitbeziehung plötzlich partnerlos durchs Leben zu gehen ist zumindest anfangs ungewohnt – doch mit einer späten Trennung sind auch Chancen verbunden.

Erst die schmerzhafte Einsicht, dass allein die Trennung vom langjährigen Partner ein eigenes, selbstbestimmtes Leben ermöglicht, dass nun die letzte Chance für positive Veränderungen da ist, macht Frauen Mut zu gehen. Manche, die sich nach einer späten Trennung neu orientieren, erfüllen sich Lebensträume, die sie für den Partner zurückgestellt hatten. Sie erkennen, dass sie ihr neues Leben selbstbestimmt gestalten können. Sie müssen nicht mehr Rechenschaft darüber ablegen, wie sie ihr Leben gestalten oder wofür sie ihr Geld ausgeben.

Luisa, 65:

Vor 5 Jahren brach ich nach 30-jähriger Ehe aus meinem alten Leben aus. Ich hatte all die Jahre damit zugebracht, drei Kinder großzuziehen und den Ansprüchen meines Ehemannes, einem erfolgreichen Juristen, zu genügen. Mit 60 habe ich begonnen, das Leben von hinten her zu denken und zu überlegen: ‚Was möchte ich erlebt haben?' Ich trennte mich von meinem Mann und ich begann ein neues, selbstbestimmtes Leben allein. Ich habe mich befreit von dem Frust und der Verzagtheit, die mich nach der Scheidung noch eine ganze Weile umgetrieben haben. Entspannt, ohne Groll und ohne mit mir zu hadern blicke ich inzwischen auf mein altes Leben zurück. Ich halte das Ruder jetzt in der Hand und lasse mich immer wieder von mir selbst überraschen. Ich liebe es, Regisseurin des eigenen Lebens zu sein.

Manchmal bedarf es aber auch eines Schlüsselerlebnisses, um eine Entscheidung zur Veränderung zu treffen und darin die Chance für ein selbstbestimmtes Leben zu sehen.

Marie-Theres, 68:

Nachdem ich in Rente gegangen bin, wandte ich mich dem Ehrenamt zu. Ich machte eine Ausbildung zur Sterbebegleitung und war 3 Jahre in einem stationären Hospiz tätig. Bei den vielen Begleitungen wurde ich immer wieder damit konfrontiert, dass Sterbende mit verpassten Chancen haderten. Antonia, eine Frau Mitte 50, bedauerte, dass sie nicht den Mut gehabt hatte, ihr eigenes Leben zu leben. Diese Begleitung war für mich ein Schlüsselerlebnis, weil ich mich mit dieser Frau identifizierte und erkannte, dass ich – wie sie – stiefmütterlich mit eigenen Wünschen und Bedürfnissen umgegangen war. Ich stellte mir die Frage, was ich unbedingt noch erleben wollte. Bald war klar, dass ich auf eigene Faust eine Weltreise machen wollte, denn meinen Mann konnte ich dafür nicht begeistern. Es ging mir dabei vor allem darum, mir die Ermächtigung für mein Leben zurückzuholen und nicht am Ende meines Lebens klagen zu müssen: ‚Ach, wär' ich doch, ach, hätt' ich doch.' Die Monate, die ich allein unterwegs war, haben mich verändert und mir gezeigt, dass ich nicht in mein altes Leben zurückkehren konnte. Ich spürte, dass es an der Zeit war, nicht einfach aus Gewohnheit so weiterzumachen. Ich trennte mich von meinem Mann, um ein eigenes, selbstbestimmtes Leben zu leben, ohne Blick zurück im Zorn. Gelegentlich telefonieren wir miteinander und wenn es einem von uns schlecht geht, sind wir füreinander da. Zusammen zu leben ist für mich aber nicht mehr vorstellbar, denn es ist gut so, wie es ist. “

Die gewonnene Zeit

Wenn man sich in einer Paarbeziehung um alles gekümmert und zeitlich mit dem Partner abgestimmt hat, gewinnt man nach der Trennung Zeit.

Allein lebende Männer und Frauen gehen mit ihrer gewonnenen Zeit sehr unterschiedlich um. Während Männer häufig dazu neigen, im Hamsterrad zu verharren, beginnen immer mehr Frauen, ihr Leben völlig neu zu strukturieren, die gewonnene Zeit für sich zu nutzen und sich auf sich selbst zu besinnen, weil sie das Gefühl haben, jahrelang fremdgesteuert worden zu sein.

Während Sie mit Ihrem Partner zusammengelebt und mit ihm den Großteil Ihrer Zeit verbracht haben, haben Sie womöglich Freundschaften vernachlässigt oder Ihre Familie nur selten gesehen. Nun, da Sie sich Ihre Zeit selbst einteilen können, haben Sie die Möglichkeit, sich viel Zeit für sich selbst und für andere Menschen zu nehmen. In diesem Fall können Sie nun Ihre neu gewonnenen Freiheiten nutzen, um Ihre freundschaftlichen Kontakte zu reaktivieren bzw. sich wieder ein stärkeres soziales Umfeld aufzubauen.

Doch nicht nur für Freunde, sondern auch für eigene Hobbys und Interessen haben Sie nun wieder mehr Freiräume – sei es für den Chor, das Musizieren, Malen oder Lesen, für das Fitnessstudio, das Sie sowieso längst schon einmal besuchen wollten, oder für ehrenamtliches Engagement, z. B. in einem Kindergarten, um Kinder von Migranten bei der Integration zu unterstützen.

In einer Beziehung investiert man viel Zeit in die Partnerschaft und nimmt sich dabei meist selbst zu sehr zurück. Aber manchmal ist es gesund, Zeit nur mit sich selbst zu verbringen. Nach der Trennung eröffnet sich hierfür die Chance. Endlich kann man sich Zeit für ein entspannendes Bad, für Gedanken der Muße, für einen Spaziergang durch die Stille der Natur nehmen, ja, man darf sich sogar guten Gewissens Momente des Nichtstuns gönnen, ohne sich dafür rechtfertigen zu müssen.

Das Erkennen vernachlässigter Bedürfnisse

Wie bereits mehrfach geschildert, ist die Vernachlässigung von Bedürfnissen der Partner ein häufiger Grund für eine späte Trennung.

So hat im Beispiel von Klaus und Elisabeth (siehe „Trennung nach Jahrzehnten gemeinsamen Lebens“, S. 16) Klaus die Signale seiner Frau vermutlich nicht oder zu spät wahrgenommen. Möglicherweise hat er nicht bemerkt, dass Elisabeth unzufrieden war oder dass ihr etwas fehlte. Andererseits hat Elisabeth es versäumt, Klaus ihre Wünsche und Bedürfnisse mitzuteilen.

Mithilfe der *Selbstreflexion* (siehe „Wie kam es zur Trennung?“, S. 30) gelingt es, sich selbst zu hinterfragen und realistisch-kritisch zu betrachten. Man erkennt eventuell, dass man um des lieben Friedens willen Konflikte vermieden und sich nie getraut hat, die eigenen *Bedürfnisse* zu kommunizieren. So schädlich es für eine Paarbeziehung ist, eigene Bedürfnisse zu ignorieren, so bedeutsam ist es, sich ihrer nach einer Trennung bewusst zu werden.

Allein glücklich sein kann nur der, der sich selbst wertschätzt, achtet und liebt und seine Wünsche und Bedürfnisse ernst nimmt. Besonders Frauen, die sich in ihrer Ehe bevormundet und unterdrückt gefühlt haben, spüren plötzlich das *Bedürfnis nach Autonomie* – und dass ihnen dafür die Zeit davoneilt.

Die neue Freiheit

Endlich wieder tun, worauf Sie Lust haben! Nach der Bewältigung einer späten Trennung kommt die Zeit, die neu gewonnene Freiheit in vollen Zügen zu genießen. Sie können endlich tun und lassen, wie Sie wollen, müssen keine Kompromisse schließen, auf keinen Partner Rücksicht nehmen und sich vor niemandem rechtfertigen.

Nach einer späten Trennung keine Rücksicht mehr nehmen zu müssen und frei von Kontrolle selbstbestimmt entscheiden zu können genießen besonders diejenigen, die in ihrer Partnerschaft dominiert wurden. Oft hört man von Getrennten: *„Endlich kann ich leben, wie ich will."* Das betrifft sowohl die Art zu leben als auch die Entscheidung, mit wem man Kontakt hat.

Die Zeit nach der Trennung bedeutet aber auch, sich die Freiheit zu nehmen, lange Vermisstes nachzuholen. Viele, die sich während ihrer Ehe zu sehr angepasst haben, setzen nach der Trennung das um, was sie jahrelang vermisst haben oder aufgrund mangelnder Unterstützung nicht bekommen konnten. Sie können sich nun dem widmen, was sie vielleicht vernachlässigt haben, und alles tun, was sie wollen, ohne sich rechtfertigen oder Kompromisse machen zu müssen. Das gibt ihnen eine neue Erfahrung von Freiheit, die zu einem wichtigen Faktor in ihrem Leben wird.

Brigitte, 55:

> *Nach meiner Trennung begann ich mit anderen Single-Frauen meines Alters regelmäßig tanzen zu gehen, erstmals seit meiner Studienzeit. Nicht jeder Abend wurde lustig, aber meistens dachte ich:*

Warum nur habe ich so lange darauf verzichtet? Wieso um alles in der Welt habe ich abends immer brav neben meinem Mann gesessen und das Fernsehprogramm geschaut, das er ausgesucht hatte?

Viele Frauen entdecken als Single überrascht, wie viel Freude das Alleinsein machen kann und wie es das Selbstvertrauen stärkt. Für sich allein einstehen zu können, Entscheidungen zu treffen und neue Menschen kennenzulernen kann am Anfang zwar Angst machen, aber auch stolz. Viele staunen oft über sich selbst: „*Ich kann das, ich schaffe das – das hätte ich nie gedacht.*"

Gewöhnungsbedürftig ist besonders für reifere Neu-Singles zunächst, nun tun und lassen zu können, was sie wollen. Auch daran muss man sich zunächst gewöhnen.

Heidi, 61:

Jeden Sonntag musste ich früher sehr früh aufstehen, weil mein Mann unbedingt in die Berge zum Wandern wollte. Ohne mich selbst zu fragen, was ich wollte, habe ich mich immer angepasst, obwohl ich oft lieber ausgeschlafen hätte, um mich vom beruflichen Stress der Woche zu erholen. Ich hätte sonntags gern mal gemütlich die Zeitung gelesen, wäre gerne ins Kino oder in eine Ausstellung gegangen oder hätte gern mal in der Sauna relaxt. Das kann ich jetzt endlich – und genieße es sehr! Die neue Freiheit ist mir kostbar, ich besuche Vorträge und engagiere mich ehrenamtlich. Vorbei sind die Zeiten, in denen ich meinem Mann zu Diensten war.

Immer mehr Geschiedene bzw. Getrennte kosten nach einer späten Trennung die neuen Freiheiten ihres Singlelebens aus. Viele blühen in selbstbestimmten Aktivitäten und neu entdeckten Hobbys regelrecht auf und fragen sich, warum sie so lange darauf verzichtet haben.

Das unabhängige Entscheiden und Handeln

Allein zu leben bedeutet auch, Aufgaben zu übernehmen, die früher der Partner übernommen hat. Das ist einerseits mit einem schwierigen Lernprozess verbunden, beinhaltet andererseits aber auch die Chance, dabei *unabhängig und autark* zu werden. Während früher vielleicht Ihr Partner Möbel zusammengebaut und Regale an der Wand befestigt hat, übernehmen Sie jetzt diese Aufgaben und machen alles selbst.

Wenn sich Alleinlebende zum ersten Mal mit Reparaturen, Renovierungen, Versicherungen, Wertpapierdepots, Steuererklärungen und finanziellen Transaktionen befassen müssen, was zuvor das Ressort des Partners war, ist das zunächst Neuland, das verunsichert. Nach einer Weile klappt es meistens aber ganz gut, und das vermittelt das befriedigende Gefühl, alles auch allein zu schaffen.

Als Alleinlebender entscheidet man auch darüber, mit welchem Freundeskreis man Kontakt hat, welche Art von Urlaub gebucht wird, ob ein neues Auto gekauft wird und welches Modell oder ob endlich ein bestimmter Lebenstraum realisiert werden soll, z. B. eine Fahrt mit dem Heißluftballon oder eine Reise zum Nordkap, um die Polarlichter zu erleben.

Allein die Tatsache, nach einer späten Trennung allein zu wohnen, eröffnet die Chance, das neue Wohnumfeld nach eigenem Geschmack einzurichten.

Gudrun, 58:

> „*Nach meiner Trennung habe ich mir meine Wohnung nach meinen Vorstellungen eingerichtet. Zum ersten Mal habe ich mir selbst eine eigene Wohnung ausgesucht, und das hat sich für mich fantastisch angefühlt. Ich habe nicht nur den Stil der Einrichtung, die Farben und die Dekoration ausgesucht, sondern auch entschieden, was mir die Wohnung wert ist und wie viel ich dafür ausgeben möchte.*“

Viele, die nach einer späten Trennung ihr Leben allein gestalten, schätzen es auch sehr, allein zu reisen.

Ulrike, 62:

> *Ich bin vor meiner Ehe leidenschaftlich gern und viel in Gruppen gereist. Über viele Jahre reiste ich mit meinem Mann, der alles organisiert hat. Deshalb habe ich es mir anfangs auch nicht zugetraut, allein zu reisen, obwohl ich jetzt die Fernreisen machen kann, für die ich meinen Mann nie gewinnen konnte. Als erste Reise, die ich nicht nur allein aussuchte, sondern auch allein plante, buchte ich eine Studienreise nach Kreta. Ich machte die Erfahrung, dass man bei Gruppenreisen nie allein ist, aber es sein kann, wenn man das möchte. Inzwischen habe ich auf diese Weise schon viele Regionen der Welt bereist und dabei Menschen mit ähnlichen Interessen kennengelernt. Ich traf Frauen, die ebenfalls verlassen wurden, und mit manchen hat sich eine Freundschaft entwickelt.*

Ulrike war Teilnehmerin in einem von mir geleiteten Volkshochschulkurs zum Thema „Trennung, Scheidung und Neuanfang in den reifen Jahren". Sie ist nach der Trauer um ihre gescheiterte Ehe richtig durchgestartet und reist nicht nur durch die ganze Welt, sondern belegte auch zahlreiche Selbsterfahrungskurse in der Volkshochschule und gründete einen Stammtisch für „verlassene Frauen". Ihr Leben ist so reich und bunt geworden, dass sie ihrem früheren Leben keinen Augenblick mehr nachtrauert. Sie hat erkannt, dass ein Leben nach der Trennung durchaus lebenswert ist, befreit von Pflichten und Zwängen.

Beispiele glücklicher Alleinlebender nach einer späten Trennung

Von Liebesbeziehungen wird häufig ein blumiges Bild gezeichnet. Das Leben Alleinlebender wird dagegen überwiegend negativ dargestellt. Beides hat mit der Wirklichkeit wenig zu tun.

Obwohl es sich die meisten nicht vorstellen können, gibt es durchaus Menschen, die nach einer späten Trennung ihr Leben als glückliche Singles verbringen. Für manche erweist sich das Leben als „Solist“ sogar als Idealzustand.

Um ein glücklicher Single zu sein, kommt es auf die eigene innere Haltung an. Wer davon überzeugt ist, dass sein Lebensglück von einem Partner abhängt, für den dürfte es schwer werden, als Single glücklich zu sein. Glücklich allein kann man nur sein, wenn man seinen Beziehungsstatus „Single“ nicht als Mangel, sondern als Bereicherung empfindet. Ohne Partner glücklich zu sein ist kein Mythos. Single zu sein bedeutet in erster Linie frei zu sein, ohne Kompromisse und Einschränkungen.

Margit, 66:

„*Ich lebe seit fünf Jahren allein. Nach der Trennung von meinem Ehemann, einem Arzt, musste ich mein Leben komplett umstellen. Statt in einer großzügigen Wohnung lebe ich nun in einem kleinen Appartement, das von der Stadt mitfinanziert wird. Meine Rente reicht für Münchener Mietangebote nicht aus, um mir selbst eine Bleibe zu finanzieren. Teure Reisen oder Markengarderobe sind auch nicht in meinem Budget, im Gegensatz zu früher. Trotzdem fühle ich mich in meinem neuen Leben frei und glücklich. Ich genieße es, endlich zu tun, was ich will. Einsam fühle ich mich nicht, denn ich habe einen großen Freundeskreis und ein ausgefülltes Sozialleben.*“

Wie Margit genießen Singles durchaus die Selbstständigkeit in allen Belangen des alltäglichen häuslichen Lebens. Von vielen Alleinstehenden wird es als Vorteil wahrgenommen, dass sie in ihrem ganz eigenen Rhythmus leben können, ohne dabei auf jemanden Rücksicht nehmen zu müssen.

Gaby, 61:

> *Ich denke, dass man lernen muss, auch mit sich allein glücklich zu sein. Ich wurde durch meinen Mann, der mich nach über 30 Ehejahren verlassen hat, gezwungen, mich mit einem neuen Leben zu arrangieren. Es war hart, aber nun kann ich sagen, dass ich auch allein sehr gut und auch absolut glücklich leben kann. Man kann sich auch ohne Partner sein Leben so schön wie möglich machen, und zudem hat man als Single mehr Zeit, die man verbringen kann, wie man möchte. Während ich früher viele meiner Wünsche und Bedürfnisse zurückgestellt habe, bestimme ich jetzt, wann ich einen Ausflug mache und wohin es gehen soll. Wenn ich einem zeitaufwendigen Hobby wie z. B. dem Tauchen nachgehen möchte, dann entscheide ich das. Darum, tun und lassen zu können, was ich möchte, beneiden mich meine verheirateten Freundinnen.*

Leni, 54:

> *Ich habe mich nach unserer Silberhochzeit von meinem Mann, der mich ständig bevormundet und unterdrückt hat, getrennt. Wenn ich manche Paare in meinem Umfeld sehe, dann denke ich oft, wie gut ich es doch habe, mit mir allein zu sein. Ich führe ein unabhängiges Leben und bin viel unterwegs. Einsamkeit ist für mich ein Fremdwort. Zum Glück habe ich viele Freundinnen, die auch allein sind. Mit ihnen verabrede ich mich oft. Ich muss nichts und kann alles. Und diese Freiheit bedeutet mir so viel, dass ich sie niemals mehr einem Mann opfern würde. Ich finde mein Alleinleben wunderbar.*

Birgit, 67:

Ich lebe nach vielen Ehejahren seit 11 Jahren allein – glücklich, zufrieden und bewusst. Klar, ich brauche schon mal jemanden, der mich begleitet, um einen neuen PC zu kaufen. Dafür habe ich kompetente Freunde, die mich beraten. Allein zu leben bedeutet für mich aber keineswegs, einsam zu sein. Ich habe stets die Zeiten mit mir allein genossen und tue das jetzt noch. Sicher, nach drei Tagen ganz allein in meiner Wohnung bekomme ich das Bedürfnis, jemanden zu sehen. Dann gehe ich spazieren, rufe eine Freundin oder meine Schwester an, um zu ‚ratschen'. Ich habe auch kein Problem damit, allein ins Kino oder ins Theater zu gehen. Stimmt, ich kann mit niemandem über den Film diskutieren und Meinungen austauschen, aber dafür kann ich in aller Ruhe nach Hause schlendern und den Film in mir nachwirken lassen. Ich bin mit meiner Entscheidung, bewusst als ‚Solistin' zu leben, glücklich und zufrieden und habe selbst mit Weihnachten und anderen sentimentalen Feiertagen kein Problem.

Wie die Beispiele zeigen, ist das Single-Dasein schon lange kein Schicksal mehr, sondern in vielen Fällen sogar Ergebnis einer bewussten Entscheidung. Diesen Beispielen lassen sich auch die wesentlichen Motive für ein glückliches Leben als Single entnehmen:

- Man ist frei und selbstständig in allen Belangen des alltäglichen häuslichen Lebens und muss keine Kompromisse eingehen. Man kann tun, was man will, ohne dabei auf jemanden Rücksicht nehmen zu müssen.
- Der moderne Alleinlebende tut alles dafür, nicht einsam zu sein. Deshalb hat er i. d. R. einen großen Freundeskreis. Typisch ist dafür die Aussage von Leni: *„Ich führe ein unabhängiges Leben und bin viel unterwegs. Einsamkeit ist für mich ein Fremdwort. Zum Glück habe ich viele Freundinnen, die auch allein sind. Mit ihnen verabrede ich mich, wenn mir danach ist."*

- Man hat als Single mehr Zeit, weil man sich ausschließlich um sich selbst und seine eigenen Belange kümmern muss. Man gewinnt einen Freiraum, um seinen Hobbys und Interessen nachzugehen.
- Man lebt selbstbestimmt und muss eigene Bedürfnisse nicht zurückstellen, um sich abzustimmen oder um Konflikte zu vermeiden.

Nach einer späten Trennung ist es am ehesten möglich, glücklich allein zu leben, wenn man die Kunst beherrscht, mit sich selbst befreundet zu sein. Dazu ist es erforderlich, sich selbst so zu behandeln wie einen guten Freund, in anderen Worten: Allein glücklich sein kann nur der, der auf sich achtet, sich selbst wertschätzt und liebt und seine Wünsche und Bedürfnisse ernst nimmt. Darüber hinaus ist es wichtig, stabile Beziehungen zu Familienangehörigen, Wahlverwandtschaften oder Freunden zu pflegen und immer wieder neue Kontakte zu knüpfen.

Ein neues Miteinander mit der Familie finden

Wenn sich ein Paar, das Kinder und Enkelkinder hat, nach Jahrzehnten trennt, betrifft diese Veränderung nicht nur das Paar selbst, sondern das gesamte Familiensystem. Als Paar gescheitert zu sein bedeutet aber nicht zwangsläufig, den familiären Kontakt zu Kindern und Enkeln zu verlieren.

Sarah, 31:

” *Ich weiß noch genau, wie es mich traf, als meine heile Familienwelt zerbrach. Mein Vater rief mich an: ‚Ich muss dir etwas sagen. Deine Mutter will sich scheiden lassen.' Ich konnte es nicht glauben. Getrennt hatten sich doch immer nur die Eltern der anderen. Als ich mit meiner Mutter darüber sprach, offenbarte sie mir, dass sie seit Jahren unglücklich mit ihrem Leben war, dass sie sich für mich und meinen Bruder aufgeopfert hatte und dass jetzt sie an der Reihe war, etwas für sich zu tun. Dabei dachte ich immer, wir wären eine glückliche Familie. Ich musste mich von der Illusion der heilen Familie verabschieden.* “

Viele erwachsene Kinder, deren Eltern sich im reifen Alter trennen, werden emotional verunsichert, vor allem, wenn sie durch die Trennung ihrer Eltern in neue Rollen gedrängt werden. Man erwartet von ihnen, Vermittler, Therapeuten, Finanzberater oder beste Freundin bzw. bester Freund zu sein und bei alledem möglichst unparteiisch zu bleiben.

Es ist oft zu beobachten, dass Eltern im Trennungskonflikt auf ihre eigenen Bedürfnisse fokussiert sind und Nähe, Halt und Unterstützung bei ihren Kindern suchen. Das kann auch erwachsene Kinder enorm belasten, weil damit die Eltern-Kind-Beziehung belastet wird und erwachsene Kinder zu „Co-Partnern“ werden. Viele fühlen sich dadurch vereinnahmt und überfordert, selbst wenn die Trennung einvernehmlich erfolgte.

Was aber geschieht, wenn eine späte Trennung destruktiv, mit vielen Verletzungen verlaufen ist?

Oliver, 39:

” *Meine Eltern waren 40 Jahre verheiratet, bis mir meine Mutter offenbarte, dass sie sich von meinem Vater trennen würde. Er habe sie ihr Leben lang betrogen. Über die Trennung meiner Eltern war ich sehr traurig. Meinen Vater sehe ich seitdem mit anderen Augen. Er hat mich sehr enttäuscht, weil er meiner Mutter das Leben so schwer gemacht hat, bis sie die Reißleine gezogen hat. Zu ihm habe ich kaum noch Kontakt. Meine Mutter ist leider vor zwei Jahren an Krebs gestorben.* “

Daniela, 29:

> *Ich habe sehr darunter gelitten, dass ich durch die Trennung meiner Eltern nach ihrer Silberhochzeit plötzlich zwischen den Fronten stand – obwohl ich zu beiden eine gute Beziehung hatte. Mein verlassener Vater schüttete mir sein Herz aus und redete schlecht über meine Mutter. Die beiden sprachen nicht mehr miteinander, nur noch mit mir. Das hat mich geärgert, denn ich hatte die Entscheidung zur Trennung nicht getroffen und wollte deshalb auch keine Klagemauer sein.*

Auch wenn erwachsene Kinder reflektierter mit der Trennung ihrer Eltern umgehen können, fühlen sie sich der Trennungskrise ihrer Eltern relativ hilflos ausgesetzt. Meist wird von ihnen erwartet, dass sie sich positionieren und für oder gegen einen Elternteil entscheiden. Das aber bringt sie in einen Loyalitätskonflikt, weil sie beide Elternteile lieben und eine Bindung zu ihnen haben.

Um diesen Konflikt zu vermeiden, sollten erwachsene Kinder sich nicht instrumentalisieren lassen und die Entscheidung ihrer Eltern respektieren. Nur so ist es möglich, mit beiden Elternteilen entspannt umzugehen.

Mit geschiedenen Eltern Familienfeste zu feiern ist eine Herausforderung, bei der es nicht nur um die Sitzordnung geht. Wenn getrennte Eltern (und eventuell deren neue Lebenspartner) anlässlich der Hochzeit ihrer Kinder aufeinandertreffen, kann es schwierig werden, gerade wenn sie (immer noch) zerstritten sind.

Lara, 29:

> *Mein Verlobter und ich planen unsere Hochzeit und ich weiß nicht, was ich mit meinen zerstritten getrennten Eltern machen soll.*

Ich würde Lara empfehlen, sich klarzumachen, dass ihre Eltern als Eltern erscheinen werden und nicht als Paar. Der Konflikt existiert auf der Ebene der ehemaligen Eheleute. Da gehört er auch hin. Er gehört nicht auf die Eltern-Kind-Ebene. Wenn Lara ihre Eltern zur Hochzeit als Vater und Mutter einlädt, ist es an ihnen, sich als Eltern zu begegnen. Das sollte Lara ihnen auch klarmachen.

Hendrik, 45:

> *In nächster Zeit steht bei uns die Taufe unseres Sohnes an und das stellt meine Frau und mich vor große Probleme. Meine Eltern haben sich auf eine sehr unschöne Art getrennt, weshalb es uns Bauchschmerzen bereitet, sie beide zu diesem Familienfest einzuladen. Es ist auch nicht sicher, ob sie kommen würden, wenn sie wüssten, dass der jeweils andere kommt. Wir werden trotzdem beide einladen, um weiteres böses Blut zu vermeiden. Solche Ereignisse sind einmalig im Leben und ein Fernbleiben oder eine Nicht-Einladung ist nie wieder gutzumachen.*

Hendrik hat eine weise Entscheidung getroffen, beide Elternteile einzuladen und es ihnen zu überlassen, ob sie kommen werden.

Erwachsenen Kindern eine späte Trennung zu offenbaren, fällt betroffenen Eltern sehr schwer, aber Enkelkindern zu sagen, dass sich ihre Großeltern trennen werden, ist eine besondere Dimension. Sie können z. B. sagen: *„Deine Großeltern lieben dich immer noch, du wirst immer unser Enkel sein. Unsere Trennung wird an unserer Beziehung nichts ändern.“*

Aber es bleibt ein innerer Kummer, weil sich im Familienleben plötzlich alles ändert. Nach der Trennung der Großeltern geht es darum, die Veränderung des familiären Gefüges zu akzeptieren und alles zu tun, um die Familie trotzdem zusammenzuhalten.

Mechthild, 68:

> *Bei meinem Mann und mir reifte der Entschluss, uns zu trennen, damit jeder von uns noch einmal die Möglichkeit erhält, das zu tun, was er ohne Rücksicht auf den anderen tun möchte. Unsere Kinder und Enkelkinder waren, als sie von unserer Entscheidung hörten, ziemlich schockiert, ja geradezu entsetzt. Wie kann man sich nach so vielen Ehejahren trennen, fragten sie uns – und ob sie uns zu Familienfeierlichkeiten noch gemeinsam einladen könnten oder ob nun alle anstehenden Feste einmal mit Oma und einmal mit Opa gefeiert werden müssten. Wir denken inzwischen, dass sich die vielen Fragen durchaus regeln lassen, und hoffen, dass alle sich irgendwann an die neue Situation gewöhnen.*

Erwachsene Kinder werden i. d. R. nicht applaudieren, wenn ihre Eltern sich trennen. Eltern, die sich spät trennen, müssen zunächst mit Widerstand rechnen, denn die Familie möchte selbstverständlich, dass alles so bleibt, wie es ist.

Wie haben Mechthilds Kinder und Enkel auf die Nachricht der einvernehmlichen Trennung reagiert? Alle waren zunächst schockiert, weil sie nicht mitbekommen hatten, dass ihre Eltern bzw. Großeltern unzufrieden waren und sich noch einmal ein anderes Leben wünschten. Da es keine streitige Trennung war, erschienen Begegnungen zu Feiertagen und Festen nach wie vor möglich. Neu war es für Kinder und Enkel nur, dass sie ihre Eltern bzw. Großeltern nicht mehr am gleichen Wohnort besuchen konnten.

Es ist wichtig, dass Paare durch ihre Trennung die Familie als Eltern oder Großeltern nicht verlassen und bei Familientreffen anwesend sind. Es ist die Aufgabe der erwachsenen Familienmitglieder, Lösungen zu finden, um ein gutes familiäres Miteinander zu ermöglichen. Das Wichtigste ist, dass die Enkelkinder ihre Bindung zu den Großeltern trotz deren Trennung nicht verlieren.

Aber auch bei Feiern der Enkel kann es Stolpersteine geben, wenn die Großeltern getrennt sind.

Jonas, 14:

> *Mein Opa kommt nicht zum Konfirmationsgottesdienst, weil er nicht mit meiner Oma zusammentreffen will, die ihn verlassen hat. Deshalb muss ich getrennte Feiern machen. Am Konfirmationssonntag feiere ich mit Mama, Papa, meiner Schwester, Oma und meinen Paten, eine Woche später mit meinem Opa.*

Gute familiäre Beziehungen fallen nicht vom Himmel. Sie sind in den meisten Fällen das Ergebnis dauerhafter Bemühungen umeinander. Nach einer späten Trennung müssen erwachsene Kinder und Enkel erkennen und akzeptieren, dass etwas Neues begonnen hat, und einen Umgang damit finden.

Was können alle dafür tun, dass trotz der späten Trennung der Eltern bzw. Großeltern der familiäre Zusammenhalt erhalten bleibt?

- Menschen, die ihren Familien eine späte Trennung zumuten, sollten zunächst damit rechnen, dass es Zeit braucht, bis sich die Familie an diese gravierende Veränderung gewöhnt hat, die alle betrifft.
- Erwachsene Kinder sollten vom Idealbild perfekter Eltern abrücken. Sie gehen zwar getrennte Wege, bleiben aber auch nach der Trennung die gleichen liebenden Eltern bzw. Großeltern.
- Seien Sie als Kind bzw. Enkel tolerant und gestehen Sie Ihren Eltern bzw. Großeltern das Recht auf freie Lebensentscheidungen zu, selbst dann, wenn Sie enttäuscht sind, weil sich alles verändert.
- Seien Sie tolerant, wenn Ihnen die Lebensgestaltung Ihrer Eltern nicht gefällt, und halten Sie sich mit Kommentaren zurück. Gestehen Sie Ihren Eltern bzw. Großeltern zu, das Leben zu führen, das sie möchten, und gönnen Sie ihnen ihr spätes Glück.

Unverhofftes spätes Glück

Eine späte Trennung ist zwar das Ende der Partnerschaft, sie kann aber auch die Voraussetzung für den Beginn eines neuen Lebens mit unverhofftem spätem Glück sein.

Mit ihrem Buch *„Mit mutigem Schritt zurück zum Glück. Weil uns das Leben immer wieder überrascht“*[26] macht Margot Käßmann (siehe „Umbrüche und Lebenskrisen, S. 59) Mut, sich etwas zu trauen und das Leben zu feiern.

Hinter Margot Käßmann liegen turbulente Zeiten. Über eine Dekade nach ihrem Rücktritt aus dem Kirchenamt sowie ihrer Scheidung ist die ehemalige Bischöfin heute wieder glücklich und kann mit Abstand auf die emotionalen Ereignisse der vergangenen Jahre zurückblicken.

2007, als sich Margot Käßmann als erste Bischöfin noch im Amt befand, ließ sie sich von ihrem Ehemann scheiden. 26 Jahre waren sie verheiratet und haben zusammen vier Töchter großgezogen. Trotz der hohen Wellen, die die Scheidung schlug, bereut Käßmann diese Entscheidung heute nicht. Ihr sei klar gewesen, dass sie für diesen Schritt verurteilt werden würde, aber sie wollte nicht für ihr Amt privat unglücklich sein, erklärte Margot Käßmann in einem Interview.

Dass die Theologin heute so gelassen auf das Erlebte zurückblicken kann, liegt vermutlich auch daran, dass sie erneut ihr Glück gefunden hat, nämlich indem ihr zufällig ihre einstige Jugendliebe begegnet ist. Die beiden waren als Jugendliche schon einmal ein Paar, dann heirateten sie und wurden Eltern von jeweils vier Kindern. Doch auch die Ehe von Käßmanns heutigem Lebensgefährten war gescheitert. Nach 40 Jahren Funkstille gab es ein zufälliges Wiedersehen anlässlich eines Vortrages. Ihr heutiger Lebensgefährte sei im Publikum gewesen und habe sie angesprochen.

Der Herbst des Lebens kann eine sehr bewegte und bewegende Lebensphase sein. Vieles verändert sich, man verliert etwas – Pflichten fallen ab – und gewinnt etwas – viele Freiheiten und ein selbstbestimmts Leben. Von diesen ungeahnten Freiheiten handelt der Roman „*Die Klatschmohnfrau*"[27] von Noëlle Châtelet. Er erzählt die Geschichte einer 70-jährigen Dame, die auf wunderbare Weise ein spätes Glück erfährt, als sie einen 10 Jahre älteren, lebendigen und vitalen Mann kennenlernt. Sie verliebt sich in ihn und entwickelt – trotz ihres Alters – eine leidenschaftliche, sinnliche Liebe. Marthe und Felix werden ein ungewöhnliches Liebespaar, das seine Liebe in allen Facetten auslebt. Trotz der schrägen, vorwurfsvollen Blicke der Umwelt zeigen sie ihre Zuneigung offen und kämpfen um Anerkennung.

In kleinen Rückblicken der Erzählerin erfährt man, dass Marthe mit Edmond verheiratet war, einem Langweiler und Pedanten, der sie wie ein Kind behandelte, aber für ihre kindlich-romantischen Sehnsüchte überhaupt kein Verständnis zeigte. Marthes Vater, ein ähnlicher Typ, hatte sie mit dem deutlich älteren Edmond verheiratet. Sie hatte sich nicht gewehrt, hatte es geschehen lassen und ein graues, liebloses Eheleben bis zu Edmonds Tod gelebt. Obwohl Marthe als Witwe schon mit allem abgeschlossen hatte, erlebte sie ein unverhofftes spätes Glück.

Nachdem Marthe seit zwanzig Jahren als Witwe ein eintöniges Leben ohne jegliche Lebensfreude geführt hat und ihre Bedürfnisse abgestorben zu sein schienen, ändert sich alles, als sie in einem Bistro zufällig Felix kennenlernt. Sie entdeckt eigene Bedürfnisse, entwickelt Lust und Gelüste, macht Pläne, trifft Entscheidungen, entdeckt in sich die völlig verschüttete, romantische Leidenschaft. Die Begegnung mit Felix führt dazu, dass Marthe plötzlich Lust auf Kaffee verspürt, statt ihren faden Eisenkrauttee zu trinken, und stellt dabei fest, dass ihr Herz Kaffee wie auch andere Genüsse gut verträgt. Sie wagt sogar, gemeinsam mit Felix Portwein und dann auch Rotwein zu trinken.

Aber nicht nur im Roman, sondern auch im „echten Leben“ kann man noch ein „spätes Glück“ finden. Späte Liebesbeziehungen drehen sich deutlich seltener um Abhängigkeiten, sondern in der Regel allein darum, das Leben gemeinsam zu genießen.

Charlotte (71) hatte sich nach der späten Trennung von ihrem Mann nach über 40 gemeinsamen Jahren gut in ihrem neuen Leben eingerichtet. Sie hatte das Haus verkauft und war in eine altersgerechte Wohnung umgezogen. Ihr Nachbar Siegfried (75) war seit drei Jahren verwitwet und war ebenfalls in ein Senioren-Apartment gezogen. Bei Charlotte hat es sofort gefunkt. Siegfried brauchte etwas länger, bis bei ihm der Groschen fiel, dass Charlotte gern mehr sein wollte als nur seine Nachbarin zum gemeinsamen Kaffeetrinken. Nun sind die beiden unzertrennlich.

Das späte Glück ist keine Frage des Alters, denn ... Gefühle altern nicht! Und nicht immer geht eine späte Liebe so gut für beide aus, wie das nachfolgende Beispiel zeigt:

„Wolke 9“ ist ein Film von Andreas Dresen aus dem Jahr 2008, ein ergreifendes Drama der Liebe im Rentenalter. Er schildert, dass ein spätes Glück auch mit einer schweren Hypothek belastet sein kann:

Die jahrzehntelange Ehe von Inge und Werner verläuft routiniert, ist aber noch intakt. Die beiden haben Sex miteinander und sind bis dato glücklich. Sie ist Änderungsschneiderin und er ist pensionierter Lehrer, der sich die Eisenbahn zum Hobby gemacht hat.

Als Inge für ihren Kunden Karl eine Hose ändert, beginnt sie eine Affäre mit ihm. Erst kämpft sie noch dagegen an, weil sie ihre Ehe nicht aufs Spiel setzen will, doch gegen ihre Gefühle ist sie machtlos. Im Wissen um die eigene Endlichkeit möchte sie den Augenblick sinnlich genießen.

Nachdem Inge ihrem Mann schließlich ihre neue Liebe beichtet, kommt es zum Streit und sie zieht zu Karl.

Nach einem gemeinsamen Familienfest gehen die Eheleute noch ein Stück zusammen und erinnern sich an gemeinsam Erlebtes. Später trennt sich Inge von ihrem Ehemann Werner, der Inges Entscheidung scheinbar verkraftet. Von ihrer Tochter erfährt Inge später, dass sich Werner umgebracht hat.

Abschließende Bemerkung

Die in diesem Ratgeber angeführten authentischen Fallbeispiele zeigen, dass eine späte Trennung das Leben zweier Menschen, die zuvor über viele Jahre ein Herz und eine Seele waren, nicht nur aus emotionaler, sondern auch aus finanzieller Sicht radikal verändert. Eine Trennung nach vielen gemeinsamen Jahren ist ambivalent, denn je nachdem, ob sie selbstbestimmt herbeigeführt wurde oder ob man von der Trennungsentscheidung des anderen überrascht wurde, wird sie als Chance zum Neuanfang oder als Zerstörung des bisherigen Lebens empfunden.

Ich danke meinen Gesprächspartnern für die Erlaubnis, ihre Fallbeispiele in anonymisierter Form zu veröffentlichen. Dadurch konnte ein Ratgeber entstehen, der die Komplexität des Themas deutlich macht, weit über meinen eigenen Erfahrungshorizont hinausgeht und mir die Chance bot, das Thema breit zu fassen und zu verarbeiten.

Eine späte Trennung ist eine Lebenswende, die mit Abschied, Verlustschmerz und Trauer verbunden ist, die aber auch neue Räume für die Entwicklung freigibt, wie Hermann Hesse es in seinem Gedicht „Stufen“ formuliert hat:

Stufen

Wie jede Blüte welkt und jede Jugend
Dem Alter weicht, blüht jede Lebensstufe,
Blüht jede Weisheit auch und jede Tugend
Zu ihrer Zeit und darf nicht ewig dauern.
Es muss das Herz bei jedem Lebensrufe
Bereit zum Abschied sein und Neubeginne,
Um sich in Tapferkeit und ohne Trauern
In andre, neue Bindungen zu geben.
Und jedem Anfang wohnt ein Zauber inne,
Der uns beschützt und der uns hilft, zu leben.
Wir sollen heiter Raum um Raum durchschreiten,
An keinem wie an einer Heimat hängen,
Der Weltgeist will nicht fesseln uns und engen,
Er will uns Stuf' um Stufe heben, weiten.
Kaum sind wir heimisch einem Lebenskreise
Und traulich eingewohnt, so droht Erschlaffen,
Nur wer bereit zu Aufbruch ist und Reise,
Mag lähmender Gewöhnung sich entraffen.
Es wird vielleicht auch noch die Todesstunde
Uns neuen Räumen jung entgegensenden,
Des Lebens Ruf an uns wird niemals enden …
Wohlan denn, Herz, nimm Abschied und gesunde![28]

Quellen

1 Wieselberg, Lukas (2019): Das verflixte 37. Jahr, https://science.orf.at/v2/stories/2991584/ (Stand vom 15.01.2022).

2 https://www.scheidungsinfo.at/ablauf-scheidung-in-oesterreich/ (Stand vom 30.03.2022).

3 https://www.scheidungsinfo.at/strittige-oder-streitige-scheidung-in-oesterreich/ (Stand vom 30.03.2022).

4 https://www.businessinsider.de/leben/beziehung/gruende-warum-maenner-die-frauen-verlassen-r1/ (Stand vom 15.01.2022).

5 Kästner, Erich (2007): Sachliche Romanzen: Gedichte über die Liebe und andere unvermeidliche Dinge. Hrsg. v. Renate Reichstein. Hamburg: Atrium.

6 Hutterer-Krisch, Renate, Rass-Hubinek, Gabriele (2018): Paardynamik. Wien: Facultas.

7 https://karin-pilot.de/transgenerationale-praegungen (Stand vom 15.01.2022).

8 https://www.welt.de/icon/partnerschaft/article197686015/Gute-Beziehung-Was-ist-das-Geheimnis-einer-gluecklichen-Partnerschaft.html (Stand vom 15.01.2022).

9 https://www.geo.de/magazine/geo-wissen/3176-rtkl-interview-das-ende-der-kompromisse (Stand vom 15.01.2022).

10 Mutter kommt in Fahrt. Ziegler Film, München, 2002.

11 Loriot, Pappa ante portas, deutsche Filmkomödie, 1991.

12 https://www.beziehungsweise-magazin.de/ratgeber/liebe-emotion/ein-sehr-dominanter-mann-ist-keine-gute-wahl/ (Stand vom 15.01.2022).

13 Fuchs, Thomas (2011): Handbuch Sterben und Menschenwürde. Heidelberg: Universitätsverlag.

14 Ehrenberg, Birgit (2018): Was passiert, wenn der Partner zum Pflegefall wird. Reinbek: Rowohlt.

15 Jens, Inge (2016): Langsames Entschwinden. Vom Leben mit einem Demenzkranken. Reinbek: Rowohlt.

16 Stöhring, Ulrike (2018): Vielen Dank für alles. Trennung – glücklich überlebt. Berlin: Ullstein.

17 Gran, Sissel (2019): Ich verlasse dich, weil ich leben will. Frei werden von Schuldgefühlen. Freiburg: Herder.

18 https://www.vice.com/de/article/bmvwzq/was-passiert-eigentlich-mit-deinem-krper-wenn-dir-jemand-das-herz-bricht (Stand vom 15.01.2022).

19 Tudor-Sandahl, Patricia (2005): Verabredung mit mir selbst. Von der Kraft, die im Alleinsein liegt. 2. Auflage. Freiburg: Herder.

20 Haller, Reinhard (2019): Das Wunder der Wertschätzung. Wie wir andere stark machen und dabei selbst stärker werden. München: Gräfe & Unzer.

21 Chaplin, Charles (1964): Die Geschichte meines Lebens. 8. Auflage. Frankfurt: Fischer Taschenbuch.

22 https://www.gesundheitsstadt-berlin.de/warum-gute-freunde-so-wichtig-fuer-die-gesundheit-sind-12853/ (Stand vom 15.01.2022).

23 https://de.statista.com/themen/164/freundschaft/ (Stand vom 15.01.2022).

24 https://www.euroakademie.de/magazin/freunde-beeinflussen-unser-leben/ (Stand vom 15.01.2022).

25 https://www.dr-mueck.de/HM_Beziehung/Beziehungsforschung/Freunde_Lebensverlaengerung.htm (Stand vom 15.01.2022).

26 Käßmann, Margot (2021): Mit mutigem Schritt zurück zum Glück. Weil uns das Leben immer wieder überrascht. München: bene!/Droemer Knaur.

27 Châtelet, Noëlle (2001): Die Klatschmohnfrau. Köln: KiWi-Taschenbuch.

28 Hesse, Hermann (1995): Sämtliche Gedichte in einem Band. Frankfurt am Main: Suhrkamp.

Stichwortverzeichnis

W

Z

Ebenfalls erhältlich:

Dorothee Döring

Scham

Einem belastenden Gefühl auf der Spur

maudrich 2021
168 Seiten, durchgehend 4-farbig,
Klappenbroschur
EUR 15,90 (A) / EUR 15,50 (D)
ISBN 978-3-99002-132-3 (Print)
ISBN 978-3-99111-386-7 (E-Pub)

Scham ist ein zutiefst menschliches, aber auch quälendes und sehr unangenehmes Gefühl. Es begegnet uns auf Schritt und Tritt als soziale Kontrolle, fragt ständig nach der Richtigkeit unseres Verhaltens und findet sich in allen Gesellschaftsformen und Kulturen als wichtiges Korrektiv, abhängig von den dort gelebten Normen und Werten.

Weil Scham zum Mensch-Sein gehört, in zwischenmenschlichen Beziehungen akut werden und uns klein machen kann, ist es wichtig, Scham zu erkennen und zu verstehen, um kompetent mit ihr umzugehen.

Dieser Ratgeber zeigt die konstruktive und destruktive Seite eines tabuisierten Gefühls, geht den Ursachen und Auswirkungen nach und zeigt, wie es möglich ist, konstruktiv mit diesem Gefühl umgehen zu können.

Dorothee Döring

Familien im Stresstest

Wie das Miteinander trotzdem gelingen kann

maudrich 2022
152 Seiten, durchgehend 4-farbig,
Klappenbroschur
EUR 17,90 (A) / EUR 17,40 (D)
ISBN 978-3-99002-140-8 (Print)
ISBN 978-3-99111-526-7 (E-Pub)

Ein harmonisches Familienleben, in welcher Konstellation auch immer, wünschen sich alle, wie aber jeder aus Erfahrung weiß, verläuft das familiäre Miteinander nicht immer reibungslos.

Spannungen, Stress und Konflikte in der Familie sind häufig die Folge von Illusionen und Idealisierung, die zu hohem Erwartungsdruck und Stress führen können. Auch die Bedürfnisse der Familienmitglieder, die sich in unterschiedlichen Lebensphasen befinden, können miteinander kollidieren und Konflikte auslösen. Werden Familien zusätzlich durch Existenzsorgen, häusliche Pflege oder durch Mehrfachbelastung, z. B. infolge der Corona-Pandemie, permanent überfordert, liegen schnell die Nerven blank.

Bildquellen

S. 2–3, 10–11, 28–29, 76–77, 88–89, 131: © Dashk, Adobe Stock

S. 5, 8, 14, 15, 24, 25, 32, 33, 40, 41, 50, 51, 62, 63, 75, 84, 87, 94, 95, 106, 107, 117, 126, 127: © Anatoliy, Adobe Stock